金鍾沅（김종원）著　陳慧瑜譯

溫柔教養的抄寫魔法

把美好的話寫下來，記在心裡、傳給孩子

아이에게 들려주는 부모의 예쁜 말 필사노트

父母 _____

給親愛的孩子

_____ 聽的好話

❀

閱讀寫作開始日期 ____ · ____ · ____

閱讀寫作完成日期 ____ · ____ · ____

作者序

**父母的好話
會給孩子的生活
帶來奇蹟**

你是否最近曾大發脾氣，並對孩子說出以下這些話？

「在幹嘛還不趕快出去！」

「不要再說話了！安靜吃飯。」

「太晚了！跟你說幾次不能這樣！」

「要說幾次你才聽得懂啊？」

「做好是有多難！」

怎麼樣？是不是覺得這些話光看就讓人鬱悶不已？我們總是一邊後悔，卻又不斷在家人面前說出這種話。養育孩子最難過的，莫過於發現自己與幼年時期極為怨懟的父母一樣，以同樣的方式教育孩子。當然，生活辛苦疲憊時也可能如此，但想到自己曾下定決心不會這樣對待孩子，就覺得不勝唏噓。

我小時候看著父母，曾有這種想法：

「如果他們可以用再溫柔一點的方式說就好了。」

「為什麼我的父母講話要這麼凶？」

但當看到自己忘記當時的心情，又將「話語帶來的

傷害」傳給孩子時，不禁對他感到抱歉，心更如撕裂般疼痛。

「我都決定不要這樣了。」

「我想成為溫柔又說好話的父母。」

「結果我又說這種讓人受傷的話。」

我偶爾也會這麼想。

「做人家女兒（兒子）不難，但做教導女兒（兒子）的父母為什麼這麼難？」

成為父母後，我們才感受到父母之名的重量。若身為父母的你充滿這類煩惱，你需要的正是「一天抄一頁」。我將想傳遞給親子的訊息都濃縮在本書中了。請試著用這本書開始抄寫，相信你會漸漸感受到以下變化。

1 在任何狀況下都有自信

2 可持續保持冷靜

3 分享交心的對話

4 說話連自己也覺得溫柔

5 與孩子相互理解

想將自己的心意用溫柔的話語傳達給孩子，卻總不如己意，這並不是因為你不愛他，也不是無法說出心裡話，而是**沒有將這些話語內建在自己身上**，畢竟你從未自父母身上聽到這些話。

　　但若想說出「貼心話」，而非「符合邏輯的答案」，只要每天抄寫，就會產生奇蹟般的變化。希望各位能透過這本書，讓心中充滿溫柔好話，並在必要時刻說給孩子聽。

父母擁有的言語界限，

會決定孩子生活的視野。

父母的言語能讓小小的孩子擁有佸大眼界，

卻也能讓孩子本應該廣闊的眼界，變得狹隘不已。

目錄

序　父母的好話會給孩子的生活帶來奇蹟　　　　　　　　004
　　本書的應用方法　　　　　　　　　　　　　　　　　012

第一章　讓孩子的思想與才能覺醒
　　　　　如何讓孩子生活的舞台發光發熱？

多說改變孩子生活舞台的話語　　　　　　　　　　　　018
唸書給孩子聽時，可以這樣刺激孩子思考　　　　　　　022
用正面詞彙取代負面詞彙，孩子的世界會更多采多姿　　028
一句話讓沒有寫作才能的孩子成為作家　　　　　　　　032
幹練俐落的孩子經常從父母那聽到的好話　　　　　　　036
不傷感情且能有智慧地教訓孩子的對話　　　　　　　　040
刺激孩子大腦最大化成長的話語　　　　　　　　　　　045
這樣說，幫助孩子自行克服問題　　　　　　　　　　　048
讓興致缺缺的孩子，馬上行動的話語　　　　　　　　　058
當孩子抓你語病時，可以這樣應對　　　　　　　　　　064
◆ 與孩子在一起的一天　　　　　　　　　　　　　　　071

第二章　看待生命的態度
父母的話與態度會改變孩子的一生

夫妻間常說愛的語言，孩子自然學會愛的價值	074
父母的自尊會像遺產般傳承給下一代	078
夫妻在孩子面前吵架，也務必在孩子面前和好	084
鼓勵孩子一起運動，家庭氣氛會改變	090
成為好爸爸的 7 種方法	094
比稱讚孩子更有效的問法	099
「足夠」比「適當」讓孩子更有力量	104
轉變孩子生活態度的話語	110
睡前與孩子歡度一天最後時光的話語	116
從自己的日常小事中，建立起孩子內在的自尊自律	122
◆ 回顧自己的時間	125

第三章　培養堅韌內在，同時連繫感情
我們作為生命的主人，生活另有課題

當孩子有交友煩惱時，這些話語能幫上忙	128
善於打招呼的孩子，在生活中能得到更多機會	134
不經意問到朋友關係，可能對孩子有害	138
爸爸的溫柔話語，能讓孩子更上一層樓	144

改變孩子偏食態度的智慧話語	148
父母要完整表達，孩子才能做到自己要做的事	154
如果孩子動作比較慢，請一定要這樣說	158
快速培養孩子自主的「可能性語言」	166
培養有主導性的孩子，請這樣對他說	172
若強調親切與退讓，會讓孩子戴上「很乖」的假面具	176
◆ 與孩子共度的一天	183

第四章　活在世上的力量
若能好好傳達愛給孩子，就能提高他的自尊心

將孩子的缺點變為優點的關鍵在父母身上	186
父母的智慧提問，讓孩子人生格調大不同	190
能讓孩子感受到愛的「情感言語」	194
孩子為什麼要不斷確認一些小事？	198
說些讓孩子能自己行動的話，而非純粹嘮叨	204
在孩子跌倒或失敗時，給予勇氣與希望的話	209
比稱讚更能培養孩子自尊心的鼓勵話	214
這些話讓孩子內心堅定，不被周遭左右	218
讀懂孩子的 7 種信號，了解他們的內心話	224
父母的態度讓孩子在愛的環境下成長	228
◆ 照顧自己的時間	233

第五章　培養智慧與人品的方法
　　　　父母的開始，也是孩子奇蹟的起點

用「為什麼／怎麼樣」培養智慧與人品兼具的孩子	236
關個窗，也能產生孩子的生命奇蹟	244
拓展孩子思想的 12 種對話	248
好好生氣的孩子，能成為自己情感的主人	258
與孩子一起抄寫讓內心更美麗的溫柔話語	265
讓孩子不懼挑戰、帥氣生活的話語	274
一句話改變孩子一天 14 小時狂盯手機	278
這些溫暖話語，培養善於表達心情與想法的孩子	284
積極說話的孩子，耐挫力會很高	288
將孩子自然拉進閱讀天地的 3 種話	292
若喜愛獨處時光，自然能手握書本與抄寫	296
◆ 與孩子共度的一天	302

本書的應用方法

一邊讀寫父母的好話,
一邊將這些話放在心裡,
再適時說給孩子聽

❶ 父母的好話課程

本書中父母可在日常察覺、實踐的「父母好話課程」由五個章節組成。若想發掘孩子的思想與才能，培養堅定無比的內心，該怎麼做才好？此外，假如希望在培養智慧與人品的同時，讓孩子以正面態度看待生命，又應該抱持什麼態度較適當？各位可在閱讀時思考這些問題。

讀懂孩子的心聲，熟悉一下要背的話語。

❷ 好話抄寫筆記

　　當父母意識到自己說的話有多重要之後，就可將想說給孩子聽的話大聲朗讀，並親自抄寫，記在心裡。可在改變錯誤的對話習慣、熟悉好話的同時，於空白欄位寫下孩子的反應。請善用好話筆記頁面，閱讀書寫，直到能隨口說出好話般滾瓜爛熟。

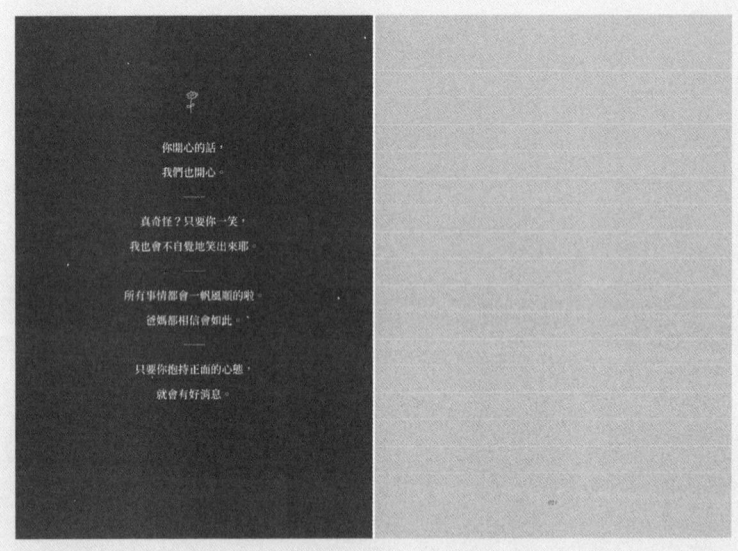

把美好的話寫下來，記在心裡、傳給孩子。

❸ 回顧自己的時間｜與孩子共度的一天

透過抄寫熟悉父母的好話後，請說給孩子聽，並推測、記錄他看起來的反應、心情。藉此每天回想與孩子分享的對話，觀察是否有印象深刻的表達，以與孩子共度更美好的明天。

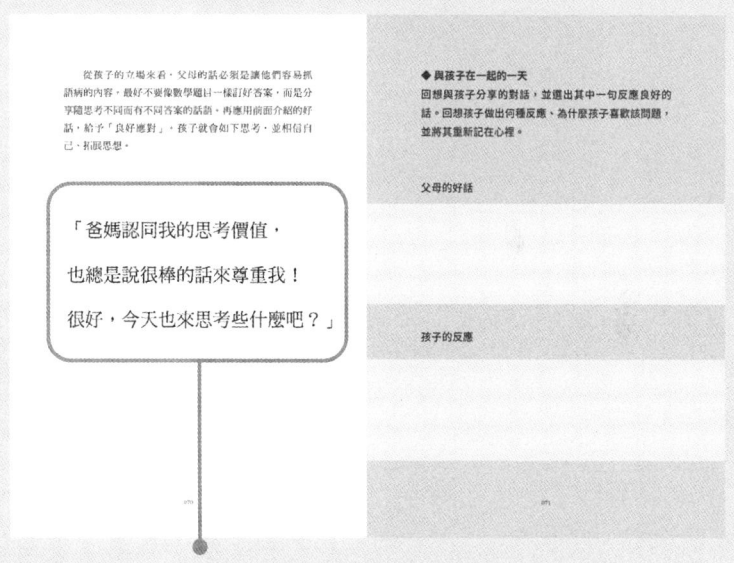

透過抄寫，改掉平時不經意間脫口而出的負面話語。

1

讓孩子的思想與才能覺醒

如何讓孩子生活的舞台發光發熱？

**多說改變孩子
生活舞台的話語**

有些父母平常講話不會太大聲,但只要稍微生氣就會提高音量。想用話語表達內心,卻不善言辭,在與他人聯繫感情時,也詞不達意,這種情況並不少見。好比因為太過慌張,反而生起氣來;或是明明想感謝卻說不出口,反而變得冷淡不已;常常不自覺地發脾氣,卻也容易造成他人誤會、曲解。

但問題不僅止於此。當你的聲量變大、行為過於激動時,所處的空間氣氛也會跟著變嚴肅。而重點在於,與這種父母相處的孩子,將來也會漸漸變得跟父母一樣。

事實上,若父母只要稍微生氣聲音就會突然變大,孩子可能會逐漸呈現出以下模樣。

1 無法冷靜觀察某事。

2 一直處於不安的狀態,心情容易急躁。

3 無法感受到溫暖。

4 對他人的理解能力急遽降低。

5 會呈現出冷酷、甚至有些殘忍的面貌。

這種狀態若持續下去,當然無法成長為開朗、心地善良的大人。現在開始絕不會太遲,請將以下好話說給孩子聽,讓家裡的氣氛變得開朗歡樂。父母若能改變自身的話語,也能改變孩子未來生活的舞台。

你開心的話,

我們也開心。

――

真奇怪?只要你一笑,

我也會不自覺地笑出來耶。

――

所有事情都會一帆風順的啦。

爸媽都這樣相信。

――

只要你抱持正面的心態,

就會有好消息。

唸書給孩子聽時，
可以這樣刺激孩子思考

　　小時候與母親共度的回憶中，有一個場面最讓我印象深刻。理由很簡單。因為那個瞬間強烈到讓人無法忘懷，也可以說那個瞬間造就了我。其實我小時候並不喜歡也不擅長讀書寫字。不過母親對這樣的我說了一句話，讓我有了巨大的轉變。

　　有一天，我像平常一樣跟母親一起讀書。但唯獨那天母親不同以往，在故事最精采的時候闔上書問我：

「鍾沅，如果你是作者，接下來故事會怎麼寫？」

我當然是這樣回答了：

「拜託，我又不是作者，怎麼會知道。」

之後母親就這麼說：

　「作者也沒那麼偉大啊。只要能說出自己的想法，每個人都可以是作者。」

　跟孩子一起讀了這麼多書，卻毫無變化，這是因為你只是「讀」書而已。如果想要好好讀，就必須在中間停頓，詢問孩子、刺激他思考才行。不經思考的讀書，只會讓時光平白流逝。

　孩子被問「如果你是作者，接下來故事會怎麼寫？」後，才算真正開始思考。

這時孩子的大腦會呈現哪些活動？你可以參考以下 8 種狀態：

1 回顧之前讀過的內容。

2 找出記得的部分。

3 以找出的部分為基礎。

4 透過該基礎構思接下來故事。

5 找出上下故事之間的連結。

6 透過找出的連結完成故事。

7 跟父母說明完成的故事。

8 說明的同時自行在腦中描繪圖像。

這個過程可以幫助孩子將一本書完全變成自己的，並動用自己的所有知識向上發展。若能在中途利用以下話語向孩子傳遞價值更好。

請在抄寫以下這 6 種話語的同時，讓其變成父母的好話吧。

每個人都可以是作者。
作者只是負責寫作的人。

我覺得你寫的文章
真的很特別、很酷,
有時媽媽看了還會嚇到呢。

文章是來自內心的。
所以任何人都可以成為作者啊。

「如果我是作者,會怎麼寫?」
如果你抱著這樣的想法去讀書,會更有趣喔。

能把想像化為文字,
真的超酷。

如果把你的這些美好心情寫成文字,
相信會成為很美好的文章。

用正面詞彙取代負面詞彙，孩子的世界會更多采多姿

人們習慣說話帶負面詞彙，但其實更會造成問題。如果經常這樣說，習慣後甚至不會意識到為何會造成不良影響。不如從現在開始改變吧！若能將各種負面詞彙改為正面詞彙，相信能用更細膩的方式刺激孩子思考。

以下是輕鬆將負面詞彙改為正面詞彙的 3 種基本公式。這可以幫助你改變錯誤習慣，請務必記下來。

不行。→可以。

做不到。→做吧。

不可能。→做得到。

這次請在空格內填入正面詞彙,並背下來。

不行。→ ▮▮▮▮▮▮

做不到。→ ▮▮▮▮▮▮

不可能。→ ▮▮▮▮▮▮

　　正面詞彙可刺激孩子思考的原因非常簡單,因為父母的正面詞彙是經過長久思考後才說出的珍貴話語,這些話融入了父母的思想,所以勢必會刺激孩子的思考。父母若能讓孩子聽到充滿愛的話語,就可讓他的世界變得更多采多姿。現在請用抄寫的方式,來體會一下這種感覺吧。

你太小,
所以做不到。
　→如果想做好,
　　還需要一點時間。

不能用手吃麵!
　→用筷子吃麵比較乾淨。

你太吵了,
不能去那間餐廳。
　→如果你稍微安靜一點,
　　就可以進去那間餐廳喔。

 # 一句話讓沒有寫作才能的孩子成為作家

　　人們會在生日或各種紀念日送珍貴的人禮物。不過我在國小時，從奶奶那裡聽到了一段非常有意義的話。一句發人深省的話，有時比實際的禮物更為珍貴。當時我在閱讀跟寫作上沒什麼才能，但奶奶的話卻成了我愛上寫作與閱讀的契機。

　　那天也是一樣。我挑了朋友的生日禮物，並打算直接包裝後送給他。這時奶奶就一臉仁慈地說：「如果你能將這句話抄寫下來，應該更能體會到，什麼樣的話語才能觸動對方的心。」

　　我親愛的孫子有寫卡片或信嗎？

人家都說送禮的時候最好寫信,短短的也無妨。

畢竟禮物是物品,信才是心意啊。

只給東西沒什麼意義。

把你給這個禮物的原因、你的心意用信寫下來,

才能真正送出這個禮物。

你一定要記住,心意要傳遞出去。

這樣才會彼此珍惜。

奶奶的話成了我開啟寫作人生的墊腳石。當時年紀雖小,卻感觸良多。給人物品時,比物品更重要的,是表達

出該物品蘊含的心意，你必須傳達出去，才算真正送出了那份禮物。

從那之後，我送禮時都會附上卡片，即使是短短的內容也好。一開始就寫得落落長太辛苦，所以我是從內容短的卡片開始寫起。

可行的方法到處都是，不行的理由也隨處可見。各位到目前為止都在尋求什麼呢？即使只像這樣，寫張卡片或信表達禮物中涵藏的心意，都可以讓孩子開始寫作、閱讀。甚至是自願，而非強制。

而我接下來要介紹的話語，若能經常說給孩子聽，相信可讓不寫作的孩子，逐漸轉變為「寫作的人」。

不管是什麼，只要把現在想到的寫下來就可以了。

你可以把它想成，將你思考的東西直接移到紙上。

慢慢來也無妨，速度一點也不重要。

世上沒有什麼錯誤的文章，只是想法不同罷了。

如果你什麼都沒想到，就用文字把這個想法寫下來也可以。

沒人會對你寫的文章打分數或評價。

如果不用文字把那一天寫下來,它就會消失。

必須留下文字,才能記住那一天。

幹練俐落的孩子經常從父母那聽到的好話

有些孩子光是看就令人期待他未來的發展。看著他，就覺得他思想不同，判斷能力與行動能力等都在另一個層次。事實上，大部分的父母都希望將自己的孩子培養成如此，卻不知該如何做到。

祕訣就在於話語。幹練俐落的孩子通常是從小就聆聽以下這些好話長大。你必須從小就說給他聽，效果才會好，因此盡快開始吧。

我介紹幾個其中最重要的好話。首先，最好可以讓孩子知道，他的存在對父母來說非常珍貴。

你是我的孩子,
這真的讓媽媽好幸福。

睡得好嗎?
有你在的早晨更美好。

不管怎麼樣,我都相信你、
愛你、支持你。

你堅持到最後耶。真的很棒。
媽媽（爸爸）也得努力了。
――
如果覺得不開心，先不要哭，
說說看你的心情，為什麼不開心。
――
晚上睡覺是一天最後的場景。
讓這個最後的場景充滿歡樂笑容吧。

不傷感情且能
有智慧地教訓孩子的對話

　　孩子會初次嘗試很多事情，也經常犯錯與失敗。雖然腦子裡知道這些都是成長的必經之路，但父母終究是人，每到這時總會忍不住生氣。

　　「就知道你會這樣。」

　　「跟你說幾遍要小心了！」

　　其實這種程度已經算是很能忍了，畢竟你的心裡應該有把火在燃燒。但即使是這種最糟糕的瞬間，也可以變為幫助孩子成長的契機。方法很簡單。

　　你可以在教訓的同時，讓父母跟孩子仍維持好心情，只要善用以下表達即可。

你好像愛迪生。

你好像世宗大王。

你好像孫興慜選手。

  很多人看到應該會想:「這是在說什麼啊?」讓我說明一下吧。一般來說,我們都清楚偉大或有名人士好的一面,但仔細觀察就會發現他們也有缺點。

  全國知名的足球選手孫興慜從小就常在不順心時流眼淚,這個習慣在長大後也沒有改過來,所以我們也偶爾會在比賽中看到他掉淚的模樣。發明王愛迪生則如同我們所熟知的,小時候經常因好奇心而做出意料之外的舉動,作

為聖君代名詞的世宗大王則幾乎不運動，也因為喜歡吃肉而肥胖，被稱作「行走的綜合醫院」。

因此即使在日常看見孩子的缺點，也請盡量將他的行動與偉人的模樣連結起來。這既不會傷感情，也會讓孩子意識到自己的行為。

當他因好奇心製造突發狀況時，

「你好像愛迪生。」

孩子不運動只知道吃時，

「你好像世宗大王。」

愛哭討厭輸而耍脾氣時，

「你好像孫興慜選手。」

當然，你也可能擔心會不會太強調負面的模樣？只留下負面印象怎麼辦？

然而，這些話對孩子留下的正面效果更大。首先，不

是嘮叨這點就很好。孩子都是透過犯錯而成長，若每當這時就在他面前說「就知道你會這樣！」、「跟你說幾遍要小心了！」，生氣罵人，不僅父母心情不好，孩子也會因為嘮叨而漸漸疏遠父母。

而前面提到的方式則可藉父母與孩子都知道的人輕鬆提及錯誤行為，並主動回想、思考自己的行動。此外，當孩子的思慮更深入後，就會反過來想如何在好的地方應用自己的缺點。

「愛迪生因為好奇心做出意外行為，才成了發明王；孫興慜因為討厭輸的固執個性，才成了最棒的足球選手；世宗大王討厭運動，才會念那麼多書。」

這時孩子可能會用世宗大王當藉口不運動。但請務必記得，你也可以反過來利用，使其成為「閱讀」的契機。

如此思考的孩子會意識到，世界其實沒有那麼壞，也更懂得取捨、帥氣地成長。這個方法可以幫助他在思考的同時，也能好好應用自身的優點。

我們不可能在養育的過程中不教訓孩子。但若只是嘮叨，就沒有教訓的意義了。

若父母能像這樣稍微改變自己的話語，孩子在被教訓的期間也可拓展自己的思想。

請務必記得:不傷害彼此感情又能深度思考的對話方式,對孩子的教育最為有效。

刺激孩子
大腦最大化成長的話語

若想讓孩子會讀書，該怎麼做？你可能覺得要夠聰明，但有件事比那更重要，也就是幫助孩子在生活各處都能適當應用自己學到的知識與想法，這樣他才能最大化地發展大腦。

特別是4～7歲的孩子大腦會呈現活躍成長。隨著大腦成長，孩子也會跟著提升自我價值。在這裡介紹幾句話，能在決定性的瞬間為孩子的生命帶來光芒。請在抄寫的同時記在心裡，並說給孩子聽。

你是上天賜給我們最珍貴的人。

――

速度不重要。
我們相信你前進的方向。

――

做不做得好無所謂。
不管怎樣我們都會支持你。

――

我的寶貝真善良。

這樣說，幫助孩子自行克服問題

7歲以下的孩子會遭遇很多初次遇見的場景，他可能會在餐桌上看到新的食物而卻步，或在與朋友玩的時候吵架而不知如何應對。由於經驗不足，大部分孩子不清楚如何在這些瞬間思考與反應。

在這裡要跟各位介紹的，就是可在這時幫助孩子自行克服的話語。大致上可分成9種情況，我會詳細說明，讓你搭配狀況使用。

孩子面對挑戰猶豫時
世上不如意事十常八九。

失敗或犯錯都沒關係。
媽媽（爸爸）一樣愛你。

睡懶覺或起不來時
你動作快一點的話,
早上就會感覺更舒爽。

媽媽(爸爸)跟你一樣都喜歡玩。
不過守時是很重要的喔。

餐桌上遇到各種問題時
如果你討厭紫菜飯捲裡的蘿蔔,我可以幫你挑掉。
這樣你就能開心吃了,對吧?
總會有方法的嘛。

但是這個你一定要吃。
你的身體會想要吃這個。

手機先放下來。
吃東西的時候要專心。

過於畏畏縮縮時
這件事你不用抱歉。
只要學起來就好。

如果這是你的心情，可以有自信地說出來。
畢竟世上沒有所謂「錯誤的心情」啊。

你這點很好。
因為是你，所以覺得更特別。

說話粗魯輕率時
我們說話優雅一點吧。
粗魯不符合我們的風格。

你如果說話再溫柔一點,
媽媽聽起來會更高興。

這不難啊,
既然可以改,就改改看吧。

不聽話而自我主張過強時
你說的也對。
但是你也參考一下媽媽的話吧。

不同意見是可以協調的,
這樣你的一天就可以過得更順遂。

不是尖叫就可以得到你想要的東西。
你要好好說明,才能讓別人聽懂。

與朋友之間的相處遇到困難時
人的關係不可能一直這麼好啊。
你稍微想一下為什麼會起衝突吧。

如果可以改變,就改變看看,
但不需要過度配合朋友。

你覺得呢?
為什麼會這麼想?

太執著於勝負或結果時
表現優秀而獲勝是好事,
但其實光是沒失誤就已經很了不起了。

勝敗乃兵家常事。
重要的是你努力的那段時光不會消失。

有什麼事情不如你所願嗎?
我們下次做得更棒吧。

只會起步而不知如何堅持到底

這次比上次持續更久耶。

愈來愈進步,你真了不起。

你不是做不到最後,

只是關注的事情太多了。

媽媽(爸爸)覺得你在專注某件事的時候,

超級帥喔。

讓興致缺缺的孩子，
馬上行動的話語

「你的夢想是什麼？以後想做什麼？」

孩子一般都會被問到這類問題，但這些問題，其實有時大人也不見得答得出來，畢竟未來還太過遙遠。

「想做的事」可能會被解讀成「現在無法做到的事」、「之後再做就可以的事」等負面或推遲等意義，因此反而讓孩子無法行動。也因為如此，只要在生活中想到「想做的事」，就覺得內心產生動搖、變得脆弱，導致什麼事也做不成。這是因為我們在對孩子的提問中，含有「（未來）想做的事情」的意涵。

不過若是想成「（現在）可以做的事情」，對任何事都興致缺缺的孩子，也能在想到當下有自信做到的事後，立刻付諸行動。

你可以經常問孩子能做到的事，幫助他思考。只要把問句改成「現在可以做什麼？」即可，短短一句話，就可以連帶改變未來。

　　那些在自己擅長的領域活躍的人們，比起思考遙遠的未來，大多較專注於當下。畢竟這樣才能趁早意識到，自己可挖掘的所有才能與才智。

　　沒有一個孩子是從一開始就興致缺缺、毫無意志，也不想挑戰的。這其實只是受到父母的話影響。請經常說以下的話給孩子聽，將「我想做什麼？」從他們腦袋清除掉。

現在可以做的事情是什麼？

這個時間點做什麼最好？

——

如果覺得做選擇很困難，

最好從可以馬上做到的事情開始。

——

諸事不順時，

先做現在可以做得到的事就好。

——

只要今天盡全力地活，

明天就可以不用害怕了。

若想得到好結果，

今天一天該做什麼好？

———

如果從現在可以做到的事情開始，

之後可以做到的事情會變得更多。

———

你如果想在 5 分鐘後吃泡麵，現在就得煮啊。

你必須現在行動，才能擁有想要的事物。

———

「現在」是我們擁有的最有價值的財產。

因為不管是什麼，你都可以馬上開始。

當孩子抓你語病時，可以這樣應對

當孩子插入大人對話或抓住大人語病時，大部分的父母會用這類方式發火：

「大人說話，小孩插什麼嘴！」

「你這小子去念書啦！」

但這種反應其實會「極度阻止」孩子的成長。因為孩子會認為你是在說：

「你不准思考！」

「你只准聽爸爸媽媽下的命令！」

當孩子抓住父母語病,一一反駁父母言論或發表自己的主張時,代表他的大腦在急速成長。真正需要幫助的不是抓住語病的小孩,而是不管任何問題都不回答,也不表達自己想法的孩子。努力抓住他人語病,反而代表那是他大腦跟內心正在良好成長的正面信號。

抓住語病時需要一段非常細膩的思考過程。你可以參考以下內容,了解孩子腦中的活動。

這段重要內容可幫助你理解孩子心情與成長,因此建議朗讀出來。

抓語病時思考形成的過程：

第一階段 分析並深度思考某個主張。

第二階段 重新解析自我角度。

第三階段 將重新解析的內容用話清楚表達。

第四階段 透過對話構思接下來要說的話。

如何？你應該會發現，這四階段的過程其實與提升閱讀理解的能力很相似。實際上，若是觀察大文豪歌德等引領時代的哲學家，就可以知道他們大多從小就開始在父母說話時以各種方式抓住他們的語病，並與之對話。這樣的對話案例在從立體視角分析世界、進而創造出新服務或內容的大師身上也很常見。這裡的重點在於，他們的父母都以「良好應對」來幫助孩子的大腦成長。

這時有些話父母「絕對」不能說。請務必避免說出類似話語，以防對孩子大腦的成長有害。你必須將不能說的話記起來，才能避免自己去說。

「大人說話你插什麼嘴！」

「你懂什麼啊。」

「你去讀你的書！」

「去跟朋友玩！」

光是聽到這些話，就覺得自己飽受輕視對吧？那從孩子的角度看呢？這代表他經過長時間思考說出的話跟想法被判定沒有價值。被狠狠傷害一次後，就可能變成一個沒有想法也不行動的無力大人。請務必記住這點。儘管從父母的角度來看，會覺得孩子是在故意抓你語病，但孩子內心所想的卻是另一回事。

「我想在表達自己想法的同時與父母對話。」

對於抱有這樣期望的孩子，你應該讓他聽到什麼話？請朗讀並抄寫下頁的句子，將其記在心裡，並在需要時拿出來用，幫助孩子更清楚地表達自己的想法。

喔，這個想法很棒。

───

你的想法很有幫助耶。
什麼時候開始有這麼棒的想法啊？

───

你可以很冷靜地表達自己的想法呢。
看到你這麼可靠真令人欣慰。

父母的話讓孩子容易抓語病是好的。最好不要像數學題目一樣訂好答案,而是分享隨思考不同而有不同答案的話語。再應用前面介紹的好話,給予「良好應對」。孩子就會如下思考,並相信自己、拓展思想。

「爸媽認同我的思考價值,

也總是說很棒的話來尊重我!

太好了,今天也來思考些什麼吧?」

◆ 與孩子在一起的一天

回想與孩子分享的對話,並選出其中一句反應良好的話。回想孩子做出何種反應、為什麼孩子喜歡該問題,並將其重新記在心裡。

父母的好話

孩子的反應

2

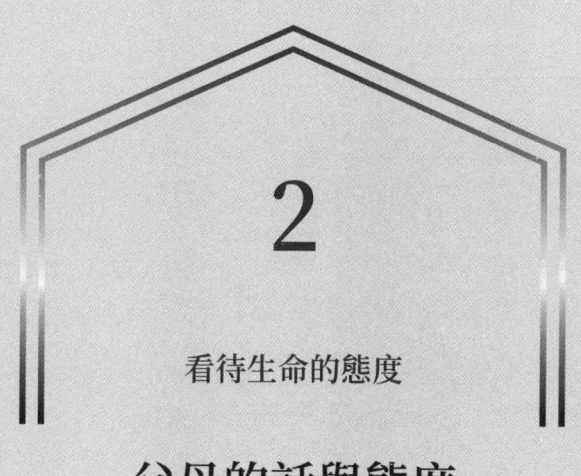

看待生命的態度

父母的話與態度
會改變孩子的一生

夫妻間常說愛的語言，
孩子自然學會愛的價值

「親愛的，今天怎麼那麼早回來？」

某天配偶比平常早一點回家，問起原因，馬上收到如陽光般的溫暖答覆。

「我想快點見到你啊。今天莫名更想你了呢。」

如何？光是想像就覺得真是美麗的風景，對吧？夫妻之間的話語，若能以更好的方式表達，會對孩子造成何種影響？

某天孩子在書裡看到這類問題。

「你們覺得我們為什麼會出生？」

父母很好奇孩子的答案。

「孩子會怎麼回答呢?」

這個問題可能很難回答,但孩子卻像已經等了八百年似地馬上給予回覆。

「大概是我想快點見到爸爸媽媽的關係吧,我來到這個世界好像是很值得慶幸的事,我下輩子也想做爸爸媽媽的孩子。」

孩子的話語如悅耳音樂般,父母重新意識到一件很重要的事。

他們對彼此說的話,會決定未來孩子吐出的話語。

孩子會透過父母的日常對話學習，並意識到自己使用的語言。

如果孩子從口中說出不堪入目的話，很可能是因為學習到過去夫妻口中說出不恰當的話所致。你不需要刻意跟孩子強調正面話語的力量，或是教育他要這樣說話。**父母若能經常對彼此說出正面話語，有智慧的孩子自然會意識到**，並不知不覺學習、使用。

但若在家總是動不動就脫口說出以下不良話語，孩子勢必難以學習到好話。

「你知道又能怎樣？這個家真令人厭倦。」

「這麼早回家幹嘛。只會煩人！」

「你看到爸爸（媽媽）要打招呼啊！養小孩來幹嘛的，一點用都沒有。」

「你有幫我做過什麼嗎？」

如果一個家經常讓孩子聽到這些不幸的話，跟總是讓孩子聽到「因為有你才有我」等幸福話語的家庭比起來，彼此應該會過上完全不同的人生，未來可想而知。**夫妻若能在日常訴說愛的話語，孩子自然會一點點學習愛的價值**；相反的，若讓孩子在憤怒中成長，他也自然會吸收這些怨懟。

禮節、智慧與對待生命的態度等，都是以相同的過程形成。若父母能如上述，在對待彼此時像習慣般展現希望呈現的模樣給孩子看，孩子就會依樣以那個模樣活出自己的人生。

「有你在真是太好了。」

「只要想到你，就覺得很可靠。」

「多虧你，我一直覺得很幸福。」

父母的話語，是孩子將來的人生途徑。孩子都是在觀察父母的過程中學習，若父母能先當模範，孩子就能在觀察後學習起來，進而創造自己的人生。不用擔心孩子只會學到不好的話，孩子總是在觀察著你，這點請務必記得。

父母的自尊
會像遺產般傳承給下一代

　　孩子生命中最重要的是什麼？儘管重要的很多，但處於中心的，正是能穩定生活的自尊心。你必須讓他從小就擁有堅定的自尊，才能在青春期時產生撐下去的力量。

　　若想在孩子的生活中種下名為自尊的種子，該怎麼做才好？請務必記住以下真理。

　　「父母的自尊會像遺產般傳承給下一代。」

　　父母若能如口頭禪般使用以下話語，就能先奠定自己堅固的自尊心，並讓孩子在看到父母的樣子後，同樣在內心種下自尊的種子。請抄寫下頁內容，並創造出屬於自己的語言。

先做最珍貴的事吧。
一樣一樣來。

不用對無理的人發脾氣,
你反而應該用鄭重的態度面對,
這樣對方就會明白鄭重態度的價值。

愈辛苦，就愈應該把話說得漂亮。
因為好話會帶來好事。

———

不要因為衝突被困在人群裡，
應該稍微遠離後觀察為什麼會起衝突。
這樣才能找到不應該起衝突的原因。

———

夢想本身就很了不起。
因為它展現出我們撐過多少辛苦的時光，
以及渴望的價值。

當有很多事情要做時，

只要早一點起來即可。

―

看著正在挑戰的人，

應該為他們加油，而不是說三道四。

畢竟我們心中也像這樣充滿熱情。

―

當你怒火中燒時，

先想想結果會如何，

就可以自行控制那股憤怒。

夫妻在孩子面前吵架，
也務必在孩子面前和好

夫妻吵架是沒有盡頭的。我們通常回想起來，都是一些雞毛蒜皮的小事，並覺得自己那樣真的很荒謬。但之後卻又會像完全忘了似地，為同樣的理由吵架，並對彼此破口大罵，瘋狂詛咒對方。這時有件事非常重要。夫妻不斷吵架的模樣，會對孩子內在成長造成非常不良的影響。

若父母吵架後不和好，孩子可能產生以下症狀：

1 總是感到不安，沒有安全感。

2 情緒變化大，無法預料。

3 與朋友之間的關係不和諧。

4 無法專心致志，總是中途放棄。

5 無法用話語表達自身情感。

　之所以會產生這些負面症狀,是因為父母在孩子面前吵架後,沒有(無法)給他們看到和好的過程。請思考一下。若自己最愛、最信任的兩人每天只會吵架又不和好,一生都在看著這種過程的人,人生會變得怎麼樣?很可怕對吧?你完全無法想像到任何美好的畫面。請對彼此說以下話語,對孩子展現自然和好的模樣。

我知道你不開心。

我們有風度地擁抱和好吧。

————

我是因為這個問題生氣,

我們彼此再相互體諒一點吧。

————

啊,原來如此。

對不起,沒能理解你的感受。

————

我不會再拿過去的事情找碴了。

今天吵架的事情就讓它留在今天吧。

夫妻吵架不會有所謂的贏家。看著吵架的夫妻，孩子的心情會跌到谷底，所以只會兩敗俱傷。因此為了彼此，最好可以快速地用有智慧的話語和好。若能配合前面介紹的 4 種話，再加上適當的肢體接觸，效果會更好。

你可以牽手，

也可以給予溫暖的擁抱，

甚至可以輕輕地親一下。

只說話看起來會有點敷衍了事，若能牽手或擁抱，即使是同樣一句話，也會覺得特別溫暖。

沒有夫妻不吵架，你也不可能只呈現好的一面給孩子，讓他們知道生活上就是會有一些小摩擦也不錯。這樣觀察父母的孩子，也會在憤怒與生氣時懂得如何應對。

讓孩子看到和好模樣的同時，也可以讓他們了解其他地方學不到的「**體諒對方心情**」、「**承認錯誤並道歉**」，以及「**傳達包容他人的溫暖話語**」。孩子看到父母和好的模樣後，就會自然而然學會生活必備的這 3 種技能。

生氣是人類的本能，但生氣之後和好的過程，卻能展

現少數人才擁有的智慧。請務必讓親愛的孩子看到你的智慧。

鼓勵孩子一起運動，
家庭氣氛會改變

父母有規律的行為會給孩子帶來比任何話語都強烈的影響。譬如比起說「每天運動對健康有益」，實際規律運動的父母更能帶給孩子 10 倍以上的強力影響。除了傳達運動效果對健康的價值之外，也能瞬間讓孩子意識到以下效果。

1 成長為相信自己可能性的人。

2 產生守護自我的強大自尊。

3 不管在哪都可以堂堂正正地說出自身想法。

4 擁有夢想，並自行規畫實踐過程。

5 懂得愛、分享與體諒的價值。

任何教育都無法給予這5種珍貴的價值，而你必須傳遞這些價值給孩子的原因很簡單。看到親愛的父母每天在身邊運動，孩子就會自然跟著動作，並在之後自行開始每天運動的生活。若擔心孩子注意力不集中、想改變孩子自尊低落而畏畏縮縮的模樣，建議現在就可以開始運動。

　　不用覺得孩子還小不可能做到，即使是3歲的孩子也能透過反覆練習達到效果。重要的不是孩子的年齡，而是父母的意志。可先從能在家裡輕鬆做到的開始。與孩子一起運動時，父母可透過以下話語給予力量。

一起運動比自己運動還開心耶。

―――

哇,你的動作愈來愈漂亮了。
媽媽(爸爸)得向你學習啦。

―――

一起運動如何?
媽媽(爸爸)每天都很期待這段時間喔。

―――

看到你自己懂得運動,
覺得你真了不起,也很讓我自豪。

成為好爸爸的 7 種方法

總是充滿幸福氛圍的家庭會經常聽到以下話語。

「親愛的,辛苦了!我以後會對你更好。」

「我們要不要一起這樣試試?我也努力實踐看看。」

在這裡介紹 7 種成為好爸爸的方法。請務必記住這句話——「好話帶來好事」,並隨時放在心上。夫妻能一起實踐更好。既然是好事,就要一起做到,幸福才會加倍。

1. 跟孩子在一起時,請先放下手機

我們使用手機的理由各式各樣,像是工作繁忙、跟朋友通話等。不過當你與孩子在同一空間共度時光時,最好盡量不要使用手機。

若你將注意力放在手機上，孩子會覺得即使在一起，也像分開。孩子很珍貴，請務必專注在他們身上。

2. 盡可能傾聽配偶的話

孩子會在觀察夫妻對待彼此的態度中，一點點建立對待生活的姿態。若夫妻能聆聽彼此的話語，並尊重對方意見，孩子看到後也會學習到對待他人的良好態度。這是夫妻必須一起努力的，若能盡力在說話時將心比心，過程中一定會充滿美好的對話。

3. 經常稱讚，偶爾指責

有些爸爸會對自己無限寬容，卻對孩子嚴厲冷酷。當然，想培養孩子成為正直的人，這無可厚非。但孩子更

需要的是良好的稱讚，而非痛苦的指責。指責太過簡單容易，任何人都做得到，稱讚卻得在觀察孩子一定期間後才能執行，所以只有充滿愛的父母才能實踐。請不要放棄身為父母的特權。

4. 成為一起看書的爸爸

當然，跟媽媽一起看書的時光也很重要。但就我觀察眾多家庭的結果來看，經常與爸爸一起看書的孩子，其共同點是內心更為堅強。孩子的內心會在父母雙方給予的愛與關懷中形成。即使一天只花 10 分鐘也好，請務必送給孩子一起看書的美好經驗。

5. 一起運動形成共識

運動不只有助於身體的成長。孩子在與爸爸一起運動的同時，也會一同經歷錯誤與成功。除了這些經驗以外，你也會與孩子形成共識。隨著時間經過，這些都會成為你們談天話題的溫暖回憶，因此最好每週一起運動一次。

6. 說好話，而不是評斷他人

孩子在外已經每天受到評價。若在家也如此，家庭存在的理由就會消失。「這就是你的問題啦。」、「你其他同學不就都有做到！」等話對孩子的情緒會造成不良反應。不要腦子裡想到什麼就說什麼，可以的話盡量先想個

兩次、三次再說出口。這樣較能說出打動孩子內心的好話。

7. 笑著回答孩子不斷的提問

孩子的問題沒有止盡。也會不斷提問類似的問題。

這時你就算回答很多次，也請盡量帶著笑容回答。有時對孩子而言，親切的表情比好話更為重要。作為參考，當孩子提問時，若能這樣跟他說，孩子會對自己能引起爸爸良好反應而感到自豪。

「哇，你好厲害，怎麼會知道這個？」

「真神奇。爸爸也很好奇呢！」

比稱讚孩子
更有效的問法

孩子幫忙做家事時，你通常會怎麼稱讚他？一般來說應該會說類似以下的話語。

「你幫忙媽媽打掃，真乖。」

「你自己整理房間耶，真棒。」

這些稱讚對孩子來講都不錯。不過世上總有更美好的話語，對吧？祕訣在於，不要去評價孩子的行為本身，而是詢問他透過自己的選擇與行動改變的心情與態度。

你可以改成問問題如下，讓孩子成為自己行為的主人，將來更能開心地主動做該事並成長。請朗讀抄寫，熟悉感覺。

你幫媽媽（爸爸）打掃，真乖。
　→幫媽媽（爸爸）打掃，感覺怎麼樣？

你自己打掃房間，真棒。
　→整理好亂糟糟的房間，心情怎麼樣？

你自己做好功課，真棒。
　→功課都先寫完了，感覺如何？

父母說「真乖」、「真棒」之類的話，在孩子聽來接近評價或結論。並非不好，但「下結論」的表達若口頭禪成習慣，孩子會沒有機會主動回顧自己的心情。因為該表達後面感覺已無話可說。

　　如前述，你必須詢問孩子的心情與態度變化，孩子在自行感覺內在變化後，才會意識到為什麼必須做這件事。父母的話即使是簡單一句，也能讓孩子自行意識到各種生活中的真理與方針。這並不難，只要一個非關孩子行為本身，而是詢問其心情與感覺狀態的問題即可。請在與孩子共度的日常中，經常訴說以下話語。

你都吃乾淨了耶,
覺得怎麼樣?

你書都讀完了耶,
讀之前跟之後有什麼不一樣?

早晨稍微早點(晚點)開始,
心情是不是也不一樣?

「足夠」比「適當」
讓孩子更有力量

　　父母的話在 7 歲以前對孩子來說相當重要。這時各位必須記得,「孩子只是無法理解,而非聽不到」。孩子會將從父母那聽到的話收集在心裡,即使當下聽不懂,將來也會從他看待世界的角度去思考及判斷。也因此,「適當」這類話語必須十分小心運用。

　　日常中,我們經常在無標準的情況下混合「適當」與「足夠」使用。不過從聽的人的立場來看,「適當」與「足夠」其實概念完全不同。你可以親自讀過後進行判斷。

　　「適當一點。」→「這很夠了。」

如何？雖然看起來類似，但與說話不同，你聽到時的感受完全不一樣。

「適當一點」聽起來像是在做某件事情時，不要用盡所有力氣，而在中途大概結尾即可的感覺。雖然父母不覺得，但從孩子的角度來看，可能會如此理解。若持續聽到類似的話，孩子做任何事都無法堅持到底，只會在嘗試後就停下來，甚至之後完全不做任何嘗試。

用「足夠」來代替「適當／適量」如何？代表即使做不到訂好的目標，也已經盡了所有力量與努力。若經常說這樣的話給他聽，孩子就會欣然地總是全力以赴。

他不會被結果所動搖，而將自己的力量都投資在過程中。

當然，有時你確實會需要「適當」這類的表達。「適量」一詞主要在過量時容易對健康造成不良影響的食物、遊戲、酒、睡眠等上用到。你可能會這麼說。

「適當吃啦。」

「睡覺要適量。」

「適當玩夠了就該起來了啦。」

不加思索就說出的話，與經思考過再說出口的話絕對不一樣。「適量」與「足夠」之類的表達也是一樣。使用的時機雖不同，但很多人其實會混著用。你不需要一個一個記起來，只要朗讀好的例句並抄寫起來，讓它成為習慣，就可以自然而然地好好使用了。

在這裡介紹用「足夠」表達給予孩子力量的 9 種話語。請實踐我一直強調的朗讀與抄寫，內化成你自己的語言。

不要去想結果。
你已經充分努力過了。

你做得很夠了。
因為你已經盡全力了。

不要去配合他人的標準。
維持你現在的樣貌已足夠。

你用你的風格做到了,

光是這一點就夠了。

――

如果你覺得很享受,

那就夠了。

――

不用一直當第一名啊。

現在這樣也很夠了,寶貝。

――

溫暖的一句話,

只要有這句話就夠了。

轉變孩子生活態度的話語

孩子每天面對的日常是一種舞台,他們在該舞台上透過自己聽到的話成長,卻也可能因此墮落。各位想如何培養孩子呢?大致上應該都會希望孩子像這樣成長吧:

1 深獲喜愛、好好長大。

2 能做好自己的事情。

3 總是積極行動。

4 抱持開朗正面的思考方式。

5 總是坦率大方。

就像前面各位讀到的，若想培養孩子成長，請向他說以下話語。

　　溫柔地打招呼、開朗地笑。

　　這會讓別人感受到你的好意。

　　如果幸福不來，

　　你就自己去找。

　　對孩子來說，沒有所謂的困難單字或表達，只有因為不常聽到，而不熟悉的單字或表達。請將孩子必備的話語放在身邊，並在必要時拿出來對孩子說。

任何地方都有好事。
今天也努力找找看吧。

————

不要因為不順利就煩躁放棄。
反覆練習就可以成功。

————

總是忍著不說對你不好，
　試著練習清楚表達吧。

————

壞的記憶就要趕快忘記，
去創造美好回憶就行了。

在可以做到的時候做吧，

以後說不定就沒機會了。

――

用自己想被對待的方式，

去對待別人吧。

――

比起「因為」，不如常說「多虧」，

這樣連心情都會完全不同。

――

如果你有自己做不到的事，

可以向爸爸媽媽求助喔。

睡前與孩子歡度
一天最後時光的話語

　　睡前是一天之中與孩子共度的最後時光,也如同電影最後的場景一般。我們親愛的孩子會將其與信任、依靠的父母在一起的最後畫面放在心上進入夢鄉。也就是說,這簡短的最後場面會集一天的記憶為大成。若是「快樂的結局」,應該會很美好。

　　「但孩子不睡覺,真讓我快發瘋!」

　　「他都不聽我的話!」

　　沒錯。要做的事堆積如山,如果孩子不睡覺、一直要你跟他玩,即使你理解他的心情,也會因為煩躁而脫口說出不好的話,甚至也清楚自己在看到孩子呼呼大睡的可愛模樣後會後悔不已。這時不如這樣說吧?

多虧了你，今天也好幸福。

好好睡一覺起來，明天也會發生很多好事喔。

睡著不等於分開喔。

為了明天能美好地見面，現在才要睡覺啊。

我們的身體會累需要休息啊。

你閉上眼睛睡著之後，身體就可以跟著好好休息了。

請好好利用接下來介紹的話語，讓你跟孩子溫暖地度過一天最後的場景。

實在睡不著時，

就像睡著一樣閉上眼睛吧。

閉上眼之後，睡眠就會找上門來了。

―――

你長大也是很辛苦很累的對吧？

今天過得很不錯，

為了明天也開開心心，好好睡一覺吧。

―――

你睡著之後，媽媽還有其他事情要做。

你可以幫忙媽媽（爸爸）完成工作嗎？

有時候你自己躺著安靜睡著的時候，

那個樣子真的很可愛又很棒。

―――

睡覺不簡單。

但媽媽會像這樣守在你身邊，

不要擔心。

―――

爸爸媽媽好愛我們家寶貝。

今天也一起努力吧。

比昨天再稍微早一點睡。

從自己的日常小事中，
建立起孩子內在的自尊自律

　　很多家庭會跟孩子一起騎腳踏車享受休閒生活，這個光景看起來很美好。雖然大家會為了安全穿戴各種裝備，卻很常忘記這件事。即不管多小的腳踏車，在斑馬線上都必須下車牽著走。不過我們總經不起誘惑，覺得斑馬線就快要到了，若可以穿越的時間剩沒多少，就會被想直接騎過去的欲望逮個正著。雖知道必須下車牽過去，卻不自覺地為自己辯解。

　　「就騎這次吧。一次而已又不會怎麼樣！」

　　不過孩子正看著這樣的你。相反的，若父母能不被誘惑所擊倒，並總是在斑馬線上與孩子一同牽車越過，會變得怎麼樣？

　　孩子的內心會產生以下情形：

1 自行控制違反原則而想快速通過的欲望，同時培養自制力。

2 為了大家安全而做出最佳選擇的欣喜，能讓自尊更加堅固。

3 意識到世上有必須遵守的規則，而當遵守的人變多時，世界會變得更加美麗。

如何？不過就在斑馬線前牽著腳踏車稍微移動一下，就能讓孩子內心產生任何教育都無法得到的價值。

他自然會懂得不管怎麼強調都難以獲得的自制力、堅固自尊，以及遵守原則的生命價值。如此與父母一起不斷

重複遵守原則經驗的孩子，之後即使獨自一人，沒人在一旁看著，也會總是遵守原則。這不管怎麼看，他將來都會成為很好的大人。

　　孩子之所以不遵守人都要遵守的秩序與原則，是因為在與父母共度的日常中沒什麼遵守這些事項的經驗。孩子會將與父母日常的反覆經歷留在記憶中，並在日後以該記憶為基礎思考，進而判斷、成長。這個事實對有些父母來說很可怕，卻也可能讓某些父母開始期待未來的發展。希望各位都能透過本書成為後者。

◆ **回顧自己的時間**

孩子在身邊時,你會跟他說什麼話?回顧一下自己跟孩子說的話中是否有讓你特別在意的,想想能怎麼改善說法,並寫下來。

今天對孩子說過的話

明天想跟孩子說的話

3

培養堅韌內在，同時連繫感情

我們作為生命的主人，生活另有課題

當孩子有交友煩惱時，這些話語能幫上忙

　　大人覺得人際關係很難，孩子也是一樣。這時我們應該跟孩子說些什麼比較好？

　　這是我在小學三年級時某天發生的事。我當時是班長，總覺得自己應該跟所有同學都相處愉快。但不管我再怎麼努力，就是有幾個朋友無法親近，某天我向奶奶訴說這個煩惱，結果奶奶給了我一個令人驚訝的答案。

　　以下跟各位介紹奶奶跟我說的話。各位可以先想像一下「如果我從孩子的立場聽到這句話，會是什麼樣的心情？」。這樣你的心情應該會更加鮮明。請反覆思考一下最後那段話。

你想跟大家都相處愉快的想法很棒。

不過這件事不簡單是有原因的。

奶奶也沒有跟社區的大家都處得很好。

我也是一樣啊。

就像住在同一個社區,不代表你們都是朋友一樣,

即使同班,也不代表都是朋友。

只是都在同一班而已,

你不可能跟所有人都那麼熟。

學校並不是只讓你跟你處得來的人同班。

世上沒有這樣的事。
即使立意是好的,
但也沒辦法因為這樣就一定能變成朋友。
你可能會遇到不合的人,
這時把心放寬一點會比較好。

奶奶的建議為當時的我帶來許多實質上的幫助,我還特別寫在日記上保留了下來。這樣的好話當然會一輩子刻在孩子的腦海中,並給予活下去的力量。現在回想起來,當時奶奶真的很有智慧地用三種階段的方式來解決我的問題。

1 接近並理解孩子的心情

2 舉自己的例子說明

3 用適當話語形成共識

在團體中建立關係並在其中生活，對大人來說也非易事。

不過若父母能像這樣透過適當話語告知原則，從孩子的角度來看，會成為不錯的參考，並幫助他更順利地建立與管理關係。

如同大人無法在職場或社區內與所有人都親近，孩子也不可能跟班上所有孩子都要好。如果孩子回來表示跟別人吵架，你跟他說「同學應該相親相愛啊」，其實是有點危險的。身邊的人並不一定都是所謂的朋友，稱作朋友的人也未必能一直相處愉快。

當孩子在煩惱朋友問題時，父母若能將奶奶告知我的故事搭配下頁 3 種話說給孩子聽，應該能更美好地解決難題。

世界上一定會有跟自己不合的人，
你只要跟自己合的人處得更好就可以了。

———

你不可能跟所有人都相處愉快，
只要自己充分努力過就夠了。

———

即使就在身邊，也不見得都能成為朋友啊。

善於打招呼的孩子，
在生活中能得到更多機會

　　打招呼是智慧的象徵。學習良好的人即使每天見面，也會開心地打招呼。雖然是小事，但人生正是由這些小事所累積的巨大結果。既然擅長打招呼，別人也就想多給些機會，這是人之常情，所以也有很多父母會因為孩子不太打招呼而傷透腦筋。

　　不過孩子不好好打招呼的原因，其實來自於父母的態度。你是否曾經說過這樣的話？

　　「你如果不跟大人打招呼，會被認為是沒禮貌的孩子。」

　　「你不打招呼的話，會被認為沒家教而被輕視喔。」

這些話有評價的意味,孩子聽了會這麼認為:

「打招呼是要讓對方開心。」

「打招呼是為了不讓人家說自己沒禮貌。」

「必須讓人看起來家教好。」

當然,這種目的並不壞。不過重要的在於,這種目的性無法讓孩子感同身受。你必須徹底改變對打招呼的認知,若能以孩子的幸福為標準,而非重視他人評價,說話的感覺就會與之前完全不同。即如下頁。

好好打招呼，

就可以讓大家知道你在這裡。

——

打招呼的時候，

你的心情也會跟著變好。

——

開朗地笑著打招呼，

今天就會發生很多讓你露出笑容的事情喔。

——

打招呼可以讓你把好心情傳遞給珍貴的人。

不經意問到朋友關係，可能對孩子有害

父母在孩子去學校或上幼稚園時，通常會先對「朋友關係」感到好奇。

「你交很多朋友了嗎？」

「最近跟那個朋友很熟？」

不過這類問題可能對孩子有害。父母可能會覺得「父母連這點問題都問不得嗎？」。沒錯，我懂你的心情。

「我的孩子適應得怎麼樣？」

「會不會沒有朋友啊？」

「回家的時候想問些問題，這時該問些什麼比較好？」

在煩惱過後，就會認為自己已盡力體諒孩子，並詢問如下。

「有交很多朋友嗎？最近跟朋友感情好嗎？」

不過被問這類問題的孩子，究竟感覺如何？我簡單地說明一下這個難以衡量的惡性循環。

「有交很多朋友嗎？」

孩子內心

原來必須交很多朋友喔？

我沒什麼朋友耶。

這樣的我別人一定覺得很奇怪。

我是不是有什麼問題？

「最近跟朋友感情好嗎？」

孩子內心

原來要有很熟的朋友才算正常啊。

一個人果然很奇怪。

我為什麼會這樣像個笨蛋，

連個好朋友都沒有。

　　孩子原先什麼問題都沒有，結果一直被這樣問，反而對自己的生活產生不安。即使是輕描淡寫的一句話，也會讓人莫名焦慮。如果脫離常軌，就跟迷路沒什麼兩樣。對孩子來說，比起「跟誰」、「如何」相處，了解在該空間中「用何種心情度過時光」更為重要。若能在該空間中幸福地度過，與朋友之間的關係就會自然變好。

　　當然，與朋友交流的行為以及在同一空間中良好的互動也很重要，但任何事都有輕重緩急。詢問並對孩子在其中以何種心情、如何度過感同身受，是最為優先的。而實

際上在朋友關係中遭遇許多困難的孩子,可透過之後介紹的方法慢慢改善,進而改變自己的生活。

若各位的孩子目前也處於類似的狀況,最好可以多問一些貼近孩子內心的問題。

請務必記住順序與本質,因為如此誕生的父母話語才是孩子人生最佳的「心靈補藥」。

只要如下詢問從學校回來的孩子即可。這些問題光用聽的就能自然強健孩子的內心,因此請經常詢問下頁問題。將問題的方向改往孩子的內心,而非單往外部,才是關鍵。

最近什麼事情讓你最開心？

在學校做什麼事會讓你心情最好？

――

你最期待什麼時候？

那個時候心情如何？

――

今天也過得很棒，真厲害。

明天最期待什麼？

――

今天有什麼記得的事嗎？

想到一定要告訴我喔。

爸爸的溫柔話語，
能讓孩子更上一層樓

你是否因孩子問題而苦惱？請你觀察一下是否是因為孩子有以下情形，才讓你開始擔憂。

1 感覺難以控制情緒。

2 太過在意周遭人的臉色。

3 無法明確表達自己的主張。

4 個性愈來愈敏感。

5 青春期後所有事情急轉直下。

當孩子出現這種狀態時，容易因無能為力而備感挫

折,變得意志消沉,並在人際關係上產生問題。

這個問題的原因各式各樣,但最大的原因來自於「爸爸不溫柔的話語」。爸爸的話若太冷淡或總大聲伴隨著憤怒、評價時,孩子的內心就可能更為艱苦。

這並不是要去爸爸做多少事,也不是要爸爸經常跟孩子長久對話。而是即使只是一句話,若能溫柔、好好地說出口,孩子的生活就可能截然不同。只要一天一句話就能讓孩子更好地成長,相信應該沒有比這更偉大的投資了。

請將下頁介紹的話透過朗讀與抄寫放在心裡,並在日常中自然說給孩子聽。如此,孩子會從爸爸的話中得到力量,進而改變自己的生活。他做任何事都會充滿鬥志,做什麼也都會如魚得水。

早起如果看到你的臉，
就覺得好像會有什麼好事發生。

因為有你，爸爸才有力量。

果然是我的女兒（兒子）！

有什麼想一起做的事嗎？

我的女兒（兒子）
怎麼會心地這麼善良呢？

謝謝你好好地長大了。

我今天也很想你喔。

週末我們要去哪裡玩？

改變孩子偏食態度的
智慧話語

　　大部分的孩子都有「偏食的時期」，或許現在也有許多家庭正因為孩子的偏食問題而奮戰，若在這個時期不養成正確的飲食習慣，營養攝取就會不均衡，孩子的身體也無法好好成長。不過還有更大的問題如下：

1 味覺的範圍變窄。

2 無法感受到些微的差異。

3 將來容易對挑戰抱持猶豫。

4 自尊心嚴重下降。

5 對多元的了解度降低。

6 性格逐漸變得敏感。

我也是一樣。我在讀國小時，並不喜歡紅蘿蔔與南瓜，也沒什麼特別的原因，純粹就是不喜歡所以不吃。但是那樣的我卻產生了很大的變化。看到我偏食的奶奶某天對我說了這段話，我聽了之後，馬上就改掉了偏食的習慣。各位可以一邊閱讀，一邊想想孩子的情形。

鍾沅，你現在可以吃那個，

也可以不吃。看你的選擇。

不過你如果決定要吃，

就可以體驗到你從未預料到的新口味喔。

結果呢？那個時候聽了這句話，頓時改變了我對食物的看法。父母原先多會用以下方式勸導孩子：

「你吃這個的話，我就給你買玩具。」

「你吃一次看看。」

「你再這樣我要罵人囉！」

「我跟你說過桌上的都要吃完！」

「我是不是跟你說過，再這樣要罵人了。」

其實這些威脅利誘的方式或許暫時有用，但畢竟脫離本質，所以無法持久。對孩子而言，偏食是他們來到世上後第一個面對且難以跨越的難關。這時重點在於，你必須讓孩子基於自身的利益與好奇去自行選擇。為了不被罵、得到玩具或再多用一下手機等短暫的選擇經驗，長期下來反而對孩子有不良的影響。

「拜託，偏食哪能這麼簡單就消失？」

「說一句話就解決，哪有可能？」

未能了解到父母說話力量的人可能會這麼想，但自行選擇變化並實踐的人的想法截然不同。

「好，不如把這個用在其他方向？」

如果你的煩惱屬於前面提到的6項，即可適當轉變下

面介紹的話語說給孩子聽,這樣各位就能培養孩子的自主權,讓他自行開始某事。你可以一邊思考一邊抄寫,更有幫助。

偶爾會有父母訴苦:

「父母真辛苦,什麼話也不能輕易說出口。」

這句話說得沒錯。不過實踐父母話語的人,也會意識到另一個美好的事實——

「為了孩子說的話,終究也是為了我自己。」

給孩子說的好話,也會給父母自身帶來好的影響。你就把它想成是彼此互惠的話語,欣然開始吧。

你現在可以這樣做，

也可以不這樣做。

這在於你的選擇。

不過若你決定要做，

就會見到你從未預料到的新世界喔。

父母要完整表達，
孩子才能做到自己要做的事

「杯子，拿。」

「水。」

「你！作業呢？都過30分鐘了！」

如果父母像這樣不好好把自己的話說完，每天見狀的孩子也會有樣學樣，這會導致性格與態度如下：

1 不把話說完，含糊其辭。

2 沒辦法好好表達意見。

3 沒辦法表達自己的想法，所以無法獲得認同。

4 沒辦法獲得周圍的認同，漸漸變得消極。

5 最終變成不知道該抱持什麼想法生活的人。

　　含糊其辭、模稜兩可的說話方式是不好的習慣。對方若答案模糊，聽者也難以理解，導致任何事情都難以完成。若能說話清楚、表達明確，代表這個人可基於內心累積的經驗與知識，說出有品質的話語。這時就能夠讓對方理解，並將狀況引導至自己希望的方向。你心裡再舌燦蓮花，若是無法說出口，就無法展露你自己的光芒。

　　父母光是每天跟孩子說以下一個完整的句子，就可以讓它成為孩子生命發光的基礎，並成長為自尊更為穩固的人。

媽媽有點渴,

你可以給我一點水嗎?

———

你今天好像有功課,

我可以看一下嗎?

———

你拿杯子如果小心一點,

我喝起水來也安全啊。

———

你即使說同樣一句話也都好好說,

讓媽媽聽了也開心。

🌙 如果孩子動作比較慢，請一定要這樣說

家人一起去餐廳吃飯時，若孩子動作比較慢，就容易發生一件事：明明要點餐，卻因為他決定得太慢，導致你火大催促。

責備 連這個都決定不了？
嘲笑 你是笨蛋嗎？快點選！因為你大家都在等耶。
評價 你連這個都做不好，以後怎麼辦？

與其責備、嘲笑與評價，不如尊重孩子，找出應對方案。如果父母變成「裁判」，孩子就會在生活中為了不受罰而時常感到不安；但父母若擔任原先被賦予的父母任務，

孩子就會相信自己的步調,並成為懂得愛人的珍貴存在。

　　你可以將以下內容換句話說,讓他覺得自己受到尊重。

尊重孩子的步調

慢慢選。

不用大家同時點餐。

不讓他有壓力

你好好想過再選也不會怎樣,

沒關係。

讓他知道思考的價值

如果很難選，隨時都可以叫爸爸媽媽過來。

一起想的話會更簡單。

　　孩子若速度較慢，父母容易感到不安又鬱悶，總覺得只有自己的孩子落後，因而感到不安，又因為狀況沒有好轉而感到鬱悶。而那份不安與鬱悶的心情會化為對待孩子的態度，並不停地說一些自己聽了也難受的話。請將前面介紹的話抄寫下來放在心裡，讓它成為父母的語言。父母可以透過這些話轉換思考，也可以讓孩子擁有自信與自己的人生哲學。

　　雖然人們常說「××很慢的孩子」，但其實世上並沒有很慢的孩子，因為孩子的成長無法測速度後排出順序。

　　各位若將自己當作父母而非裁判，孩子也會活出更燦爛的人生。若你愛孩子、相信孩子的可能，就不會有任何不安。你的孩子並不慢，而是如大海般深遠。

慢慢選。
不用大家一起同時點餐。

你想好再選也不會怎樣,
沒關係的。

如果很難選,任何時候都可以叫爸爸媽媽過來。
一起想的話會更簡單。

這世界也是有我無法隨意輕鬆解決的問題。

―――

整理自己的想法本來就很難啊。

―――

你不需要看人臉色、加快動作。

我們相信你的步調。

―――

只要配合你自己的步調，

每天一點一點前進就可以了。

懶惰跟悠閒不一樣。

你不是慢,只是在享受悠閒罷了。

——

放慢速度,很多事情都可以觀察得更仔細喔。

——

再充分思考一下。

我們可以等你。

但是不要中途放棄喔。

——

因為我很愛你,只想給你好的,

所以才想得更深遠。

快速培養孩子自主的
「可能性語言」

　　自主權是啟動孩子成長必備事物的根本力量。所有知識、人品、氣質與個性等，若自主權不完整，就沒有任何一樣能夠實現。遺憾的是，許多父母在日常中跟孩子說的話，有極大可能為「確定語言」，也就是只告知結果，限制了可能性的價值。

　　若想快速培養孩子的自主權，請務必專注在「可能性語言」，而非「確定語言」。

確定語言→可能性語言

我才不期待你做得好。只要不闖禍就謝天謝地了！
→只要你不放棄，勇於挑戰，總有一天會做好。

我會在後面更詳細介紹 9 種最具代表性、可快速培養孩子自主權的話語。若能將平常說的話改成如此，孩子就更能在自己的日常中發現價值，在思考明天的可能性的同時，自然而然地提高自主權。

　　不過，很多父母都會訴苦表示：「我試過啦，他就是不聽嘛！」沒錯。不管是哪種話，孩子都不會只聽一遍就聽進去。這也導致許多父母放棄好聲好氣地說話，而選擇充滿壓迫與憤怒的「確定語言」。不過孩子也會因為這樣失去自主權，變成沒有自我思想的人。

　　不用覺得講一次他就必須聽懂，若能接二連三讓他理解箇中意義，相信就可能看見一點一點的變化。

實際上有許多家庭像習慣般跟孩子說以下話語後，在短期間內即看到效果。

你如果不趕快整理,我就把玩具丟掉!
→如果你現在就整理玩具,
　明天也可以開心地玩喔。

就說餐廳裡要安靜!
→你在餐廳安靜一點的話,
　大家都可以開心吃飯喔。

我就知道你會這樣!
→沒關係,
　下次會做得更好。

我心情不好,你去那邊安靜待著!
→如果你體諒媽媽(爸爸)一下,
　媽媽(爸爸)的心情很快就會好起來。

你要這樣到什麼時候!
→如果下次你對這個部分再用點心,
　結果會更棒喔。

媽媽(爸爸)自己回去,你就住在遊樂場好了!
→如果現在我們一起回家,
　接下來也可以玩得很開心喔。

我就知道會這樣。又因為你的關係遲到！
→既然遲到了，就改變一下行程，
　先開始這個就行啦。

你知道自己錯在哪了嗎？用你的嘴巴說說看！
→如果你可以自己說明自己錯在哪，
　下次就不會犯錯了。

跟你說幾次要小心了！加上這次大概都一百次了！
→下次再小心一點的話，
　以後應該都不會失誤了！

培養有主導性的孩子，請這樣對他說

「媽媽去哪了？」
「去公司啦。」
「我想跟媽媽玩，妳可以待在家裡嗎？」

這時很多父母會這樣回答：

「你喜歡樂高吧？要買樂高的話，媽媽就得賺錢啊。」
「你吃好吃的東西的時候不是很開心嗎？但如果想吃的話，媽媽就得賺錢啊。」

然而這些話並不會給孩子帶來正面影響。當然，明確地告知事實與現實在教育上很重要。但若能換句話說，孩子對「做好自己工作的意義」就會有截然不同的解讀。請閱讀後抄寫，並將其記在心裡。

人都有各自的角色。
我們必須把自己的事情都做好，
才能說是為自己著想。
媽媽（爸爸）回家之後，
不是會給你一個溫暖的擁抱嗎？
這對媽媽（爸爸）來說是最珍貴的啊。
所以為了這樣做，
現在媽媽（爸爸）得出門做好自己的角色。

每個人都有自己該做的事情。

———

大樹也是從小樹苗開始。
如果你能珍惜微小的事物，之後就能成為大人物。

———

如果想守護珍貴的東西，
就必須每天做好自己該做的事。

———

不管是什麼，只要是你跟自己的約定，
就務必遵守。

若強調親切與退讓，
會讓孩子戴上「很乖」的假面具

「你是哥哥，應該要退讓啊。」

「我說過要親切對待朋友吧？」

親切與退讓是很重要的價值。但請思考一下。不過就是早出生了一點，其實都一樣是孩子。如果因為是哥哥就得退讓、是弟弟就得聽話，這對孩子來說合理嗎？

事實上，親切與退讓對大人來說也不簡單，更何況是尚未理解親切或退讓為何物的孩子。若一味強求，反而會給他帶來壓迫，進而不知緣由地戴上「很乖」的面具過一生。

若從小就按照被要求的總是親切待人，即使不樂意也不斷對周圍人退讓，長大之後會變成什麼樣子？

即使長大成人，也會將自己想要的事情推遲乃至遺忘，最後只能鬱悶度日，成為不懂得拒絕的人。這是從小就被迫退讓與親切而產生的副作用。

你不需要想得太難。如果希望孩子能夠親切、退讓，可用以下話語自然地幫助孩子認識概念，這樣孩子才能自行思考、行動，進而領悟。從父母先開始熟悉，並透過朗讀與抄寫記起來會更好。如果沒有抄寫工具，用手機筆記或通訊軟體對話框抄寫也可以。只要你願意找，就一定找得到方法。

這種狀況你覺得如何？

———

誠實說出你的想法更重要。

———

那個朋友看起來好像有點為難，
我們該怎麼幫忙比較好？

———

如果你處於這種狀況，
會希望朋友怎麼幫你？

懂得珍惜自己的人，
才可以幫助別人。

―――

退讓跟親切很重要，
但必須發自你的內心，才能發光。

―――

爸爸媽媽最想知道你的意見。
啊，原來你是這樣想的。

―――

做出會讓你覺得開心的選擇，
但必須對結果負起責任。

或許很多父母會有這類煩惱而頭痛不已。

1 兄弟每天吵架。

2 不懂退讓而產生許多問題。

3 跟朋友關係不好。

4 在公共場所隨心所欲。

這時應冷靜地跟孩子說前面介紹的 8 種話語，解決根本原因。

孩子並不是機器，可在解決某個問題點後立刻活躍運轉。他們會透過父母的話自行思考，對自己生活中的退讓與親切做出定義，成長為不為他人左右、重心穩固的人。適當的話語擁有偉大的力量。請務必記住，並從現在開始實踐，這樣就能從明天開始轉變。

◆ **與孩子共度的一天**
回想一下與孩子分享的對話,並選出、寫下其中一句反應良好的好話。回顧孩子看起來是何種反應,以及為什麼孩子喜歡該問題,並將該話語再次記在心上。

父母的好話

孩子的反應

4

活在世上的力量

若能好好傳達愛給孩子，就能提高他的自尊心

將孩子的缺點變為優點的關鍵在父母身上

該怎麼做才能將孩子的缺點變為優點？關鍵不在孩子，而在父母身上。你不用去改變孩子本身，而是改變看待孩子的視線，光是如此就能帶來巨大改變。如果你覺得孩子的所有缺點都在好轉，那即是好的信號與過程。若你在發現後能告訴孩子，他的自尊也會跟著更加堅固。

這時父母也可以重新審視自己的缺點，將其視作優點，讓自己的自尊心更加茁壯。孩子在看到內心更強韌的父母後，自尊心也會變得更堅固。好的事情總會帶來良性的循環。觀察入微的父母，會決定所有家人的自尊強大度，是非常重要的角色。

若孩子是以下類型，你可以一邊思考如何改變視線，一邊閱讀。

口味挑剔

→口味纖細

容易不安害怕

→擁有預測所有情況的能力

進度慢

→要確實明白才能安心

無彈性

→自我標準與原則分明

晚上總是晚睡

→好奇心旺盛,所以想做的事很多

重複同樣問題

→想更確實地了解

喜歡獨處

→創造個人色彩

愛耍賴

→正在尋找表達疲憊內心的適當話語

在選項前猶豫不決

→明白全部的優點,很難只選一個

很多不滿

→眼裡有很多地方需要改進

不太說話

→總是深度思考、慎重

準備不足

→比較專注在該瞬間

無法大方站出來

→會一點點累積自己可站出來的本錢

一直重複讀同一本書

→每天都透過不同問題，

　在同一本書上讀出不同東西

父母的智慧提問，
讓孩子人生格調大不同

　　一個人的語言程度，會決定他往後看到的世界。孩子往後要見到的世面，現在也正一點點地透過父母展現的語言決定著。

　　日常散步或吃飯時，請試著跟孩子說以下話語，並嘗試對話。父母有智慧的提問，可讓孩子往後的人生呈現截然不同的風景。

玩具多就代表好嗎？
你覺得呢？

你最近覺得最不好意思的回憶是什麼時候？
如果回到那個時候，你會怎麼做？

你跟媽媽有什麼共同點？
我們試著找出 5 個吧？

爸爸媽媽說什麼話的時候，
你覺得最開心？為什麼？

有些人就是可以很順地說出自己的想法。
如果想做到這樣，應該要讀哪本書？

很會打招呼的話，有什麼好處？
你為什麼這麼想？

你最近有什麼想跟媽媽一起做的事情嗎?

_____

_____

你對你自己有什麼看法?
會這麼想的理由是什麼?

_____

_____

今年結束前,
有沒有什麼一定要做的事?

_____

_____

你有沒有看過讓你覺得「啊,真美好」的風景?

_____

_____

你最近獨處的時候會做什麼?

_____

_____

當你提不起勇氣時,
說什麼幫你加油,會讓你產生力量?

_____

      、
你覺得爸爸跟媽媽的感情怎麼樣?
你會這麼想的原因為何?

_____

_____

你覺得自己最棒的 3 個優點是什麼?

_____

_____

能讓孩子感受到愛的「情感言語」

若是從小沒能聽到父母「情感言語」，孩子會因為沒有獲得愛，而在長大後成為「執著」的人。但問題並非僅止於此，因為他看待生命的態度會如下。

1 不懂什麼是互動。

2 無法用語言表達自己的心情。

3 對分離感到極大的痛苦。

4 專注與探索能力掉到最低。

5 因為無法信賴自己，而輕易感到挫折。

6 為人被動，因此總以負面態度看待世界。

情感言語,並非在孩子小時候短暫說給他聽就結束了。

大人都需要不斷富含愛與情感的言語了,每天面對嶄新一天的孩子當然也會持續需要。若孩子未能好好聽到情感言語,會無法與他人的眼神對視。因為他從未獲得愛與情感,自然也不懂得分享或感受。

接下來要介紹的情感言語,請在日常中養成習慣,經常與孩子分享。父母必須從小就時常讓孩子聽到這些「情感言語」,他才會感受到被愛,並讓自尊心更為堅固。

你說話的時候,

總是會讓人不自覺地傾聽呢。

——

不管你做得好不好,

我都一樣愛你。

——

希望對你來說,

家裡是最溫暖的地方。

——

媽媽(爸爸)覺得跟你在一起的時間,

比任何時間都要珍貴。

孩子為什麼要不斷確認一些小事？

「媽媽，我去洗手間。」

「我可以打電話給奶奶嗎？」

「爸爸，我可以喝水嗎？」

這樣說話的孩子比想像中多。每到這時，父母就會有點鬱悶地答道。

「這種問題不用問。」

「你之後想做就去做。」

但這種習慣無法輕易改掉。為何如此？如果去探討孩子總是提及並確認不需要特別問的問題，會驚訝發現其中有如此盼望。

「我想獲得多一點愛。」

「我想一起聊天。」

「爸爸媽媽,我在這裡。」

其實說自己要去洗手間、打電話、喝牛奶,都是希望獲得愛、想要分享心情。有些人可能認為這沒什麼大不了,並覺得「自己現在也有充分給予愛」,而當作沒這回事。但重點在於孩子的想法。即使父母覺得自己已充分給予愛與關懷,若沒有順利傳達,孩子自然也無法感受到。

一開始看到孩子不停詢問理所當然的事,你可能會正面思考如下。

1 孩子的個性真纖細。

2 原來他覺得這樣有點危險啊。

3 原來他要獲得許可才會行動。

不過就像前面提到的,其中可能含有完全不同的情感。

孩子會在小時候不斷確認理所當然的事情、確認自己的存在,隨著時間經過,過了青春期後,就會轉為負面思考,即開始討厭無法符合父母期待的自己。因為厭惡自己的心情,而將注意力都放在不滿上。也就是說,他會殘忍地對待自己。

青春期以後發生的眾多問題,其實都是在小時候確認這些理所當然事情的時候開始的。正所謂事出必有因。

過去孩子在訴說理所當然與無關緊要的事情時,同時也是在證明自己的存在。當然,具非語言要素的行為與眼神,以及各種感覺都可以傳達愛,但若想充分傳遞真正的愛,「父母的話語」就極為重要。

在這裡介紹的愛的話語,請經常掛在嘴邊訴說。如果

能常常聽到這些話，孩子經常向父母確認愛意的話語跟行為會一點點減少，同時也能提高他的自尊心。

　　透過父母的話語，孩子的孩童時期能更加心胸開闊。充滿父母的愛，孩子就不會拚命想證明自己了。

你真的做得很好。

我很愛很愛你。

———

你的眼神怎麼這麼溫柔啊。

只要看到就覺得心情變得好好。

———

這樣抱著你,

我好像得到了全世界。

———

你一直在我心裡喔。

你是我驕傲的寶貝。

說些讓孩子能自己行動的話，而非純粹嘮叨

「這說得動孩子嗎？」

當我告知能替代對孩子嘮叨的話語時，父母經常這麼說。會這麼想也情有可原。但比起懷疑，建議你先行動。實際試過的人都有截然不同的想法。

「孩子真的開始改變了。」

就算父母不停嘮叨也不改變的孩子，為何卻因為一句話就產生變化？這是因為從孩子的立場來看，父母的話難以理解。

你必須讓孩子生動體會到，實踐一件事會面對的結果，而非用命令或強求。這樣他才會自行了解意義，並付諸實行。

你可以思考看看，在孩子不做作業光玩的情況下該說什麼才好。

「你是作業都寫完了嗎？」
→你覺得先做什麼比較好？
　只要照順序一步一步來就好了。

父母跟孩子說好話，並不僅是單字跟表達聽起來順耳就可以了。你必須讓他能自行領悟，進而行動。好話其實指的是可以理解的話。請務必記住這點，並閱讀、抄寫以下句子。

你不吃完媽媽（爸爸）準備的飯菜，就準備挨罵吧。
→如果好好享用食物，
　你的身體也會變得更健康喔。

看到大人就應該打招呼啊！
→打招呼可以傳達你美好的心意喔。

媽媽（爸爸）昨天就講過了，要早睡早起！
→晚上早點睡的話，
　早上就可以笑著起來唷。

你玩具玩好要整理啊！
→亂七八糟的房間如果整理好，
　心情也會變得愉快。

就說危險不要這樣了！
→你再小心個兩三次，就可以做到了。

就跟你說在人多的地方要安靜玩了！
→你玩的時候安靜一點，
　大家都可以度過很美好的時光喔。

你從哪裡學的？
就跟你說不要講這種粗俗的話！
→那種粗俗的話不適合你。
　如果要說適合自己的話，應該怎麼做？

―――――――――――――――――――――

―――――――――――――――――――――

不要再玩了，小心我丟掉你的手機！
→媽媽覺得你自己玩好，
　然後去做該做的事情超帥的。

―――――――――――――――――――――

―――――――――――――――――――――

爸媽說這些都是為了你好啊。
→你笑的話，
　爸爸媽媽也覺得好開心。

―――――――――――――――――――――

―――――――――――――――――――――

在孩子跌倒或失敗時，給予勇氣與希望的話

小孩子走路時很容易跌倒。甚至在不太容易跌倒的狀況下也會摔倒，總讓父母心痛擔憂。一般來說，在孩子跌倒後，父母可能會厭煩地說出這種話：

「你的運動神經是怎麼回事啊？

嘖嘖，又不是小孩了，怎麼每天都在跌倒！」

我小時候也很容易跌倒。但我的母親用完全不同的觀點，以正面的態度跟我說話。這些話甚至改變了我對生活的態度，到現在還深深刻在我的腦海裡。內容如下：

「我們鍾沅運動神經好，

才會跌倒也不會受傷，跌得很好喔。」

即使在同樣狀況下以同樣的方式跌倒，也能因觀看的角度不同而有不同的表達。你可能會這樣反問：

「這可以跟沒有運動神經的孩子說嗎？」

「可以跟每天都跌倒的孩子說嗎？」

各位請思考一下。跌倒或失敗時，孩子需要的是什麼？是徹底的分析與冷靜的判斷嗎？不是的。這時孩子最需要的，是讓他可以鼓起勇氣重新站起來的話語。若用最近流行的話來華麗表達一番，即是所謂的「耐挫力」。

而事實上，孩子若在經常聆聽父母充滿希望與勇氣的話語下長大，即使在日常中失敗，也可以自行站起來，並欣然接受挑戰。即便父母不在身邊，父母說的話也會留在心中，引導孩子的身體與心靈。

孩子在跌倒或失敗的同時，也會成長為更堅強的人。不過有些孩子每次跌倒都能獲得成長，有些則會變得更脆弱。

父母在跌倒或失敗時說的話，會讓孩子成長為截然不同的模樣。若你無法輕易理解父母的話有多大的力量，可以想像一下跌倒的孩子，並閱讀比較以下兩種話。

「你的運動神經是怎麼回事啊？

噴噴，又不是小孩了，怎麼每天都在跌倒！」

→「我的孩子運動神經好，

才會跌倒也不會受傷，跌得很好喔。」

如何？雖然狀況相同，但經常聽到給予希望與勇氣的話的孩子，之後成長得更堅強，似乎也是理所當然的結果。請在日常經常說讓他培養耐挫力的話語。這並不難。請抄寫、朗讀接下來介紹的話，將其化為內建的語言。

你出生之後,
我們家就只發生好事耶。
——
如果是我的孩子做的事情,
我當然不管何時都相信啊。
——
如果一天的開始看到你的笑臉,
那天就會特別發生很多好事。
——
如果一直往好的方向想,
就會發生好事。

比稱讚更能培養孩子自尊心的鼓勵話

你知道自信與自尊的差異嗎？如果說自信是某件事情的結果、是世界給予的話，那麼自尊就是開始某件事情的動機，以及自行發現你在上面努力的價值的同時，自己送給自己的禮物。因此自信會隨著世界給予的評價而有所不同，但自行給予的自尊，只要獲得後就不會輕易消失。

小時候建立自尊十分重要。因為在聽了父母適當的話語後，孩子就能建立堅固的自尊心。這時需要的是與稱讚感覺不同的「鼓勵」。稱讚只注重某件事情的結果，鼓勵則強調孩子內在的動機與努力。因此稱讚與自信相關，鼓勵則在建立自尊上扮演很重要的角色。

以下介紹一些父母的話，它們會在建立孩子自尊心的過程中帶來決定性的影響。

多虧犯錯,

才能學習啊。

你要體驗過苦澀,

才會更珍惜甜蜜。

做得好不特別,

與眾不同才顯得特別。

你必須對自己說好話,
心理才會更健康。

你自己下的決定,
比這個世界訂好的答案更珍貴。

你現在做得很好。

做得好不特別,與眾不同才顯得特別。

時間若好好利用，
就能度過特別的一天。

_____

_____

這麼難你也做到了。
都是因為你堅持下去的關係啊。

_____

_____

你專注的樣子真棒。

_____

_____

不管是什麼，只要重複去做，一定能看見成果。

_____

_____

這些話讓孩子
內心堅定,不被周遭左右

有個媽媽問孩子:「最近在想什麼?」

孩子如此回答:

「媽媽,我覺得還好我有出生到這個世界上。」

之後媽媽就問原因。孩子用可愛的表情回答道。

「可以在一起很棒啊,大家總是開開心心的。」

各位,你們覺得呢?光是看就覺得可愛的孩子,自己說慶幸出生,還說理由是因為有和睦的家庭,從父母的角度來看,可說是最令人開心的事了。在這裡最重要的,是「內心」的強韌度。家庭的組成人員必須都擁有堅強的內心,才會在心裡綻放愛與喜樂的花朵。

溫柔的美好話語也是一樣。如果脆弱到被風一吹就倒,就容易失去重心而互相怨懟,家人彼此只會惡言相向。

　　相反的,若父母與孩子的內心堅定,不被周遭所左右,他們會相互說些什麼來開啟一天呢?

　　每個人都有自己的光芒。

　　重要的是不要失去那道光。

　　父母與孩子發現並守護彼此的價值,這樣的家人內心當然堅強,對吧?請將以下話語記在心裡,並抄寫下來。

每天都正直地生活，
世上就沒什麼好怕的。

――

犯錯失敗都沒關係。
我們在努力的過程中，
已經得到許多獎勵了。

――

我的心的主人是我自己。
只有我可以讓自己行動。

――

你相信自己的瞬間，
就可以擁有度過艱難時刻的耐心。

堅強的人並非贏過別人，
而是能戰勝自己的人。

――

成長並非在於成功，
而在於挑戰。

――

媽媽一直很為你自豪，
也期待你的明天。

――

懂得為何生活的人，
會從當下開始珍惜時間。

讀懂孩子的 7 種信號，
了解他們的內心話

　　孩子的行為都是有原因的。沒有孩子會毫無理由地開始哭鬧。從父母的立場來看，若看到孩子反抗、有氣無力、具攻擊性的模樣，不禁感到鬱悶傷心。然而，你可以將孩子的這些模樣看作某種信號。

　　「我現在因為這個問題覺得鬱悶。」

　　「請幫我解決這個問題，好讓我能擁抱所有父母給予我的愛。」

　　你可以閱讀以下介紹的 7 種孩子的模樣，並試著判斷孩子的內心。思考一下如何換句話說，並創造父母的話語，適當說給孩子聽，就可以讓他在獲得愛的環境下良好成長。

愛嘀咕

孩子的內心 我很難用知道的單字表達我的感受！

請這樣說

你不知道怎麼說要什麼嗎？

原來這麼難，讓你這麼辛苦啊。

有氣無力

孩子的內心 我每件事都做不好。

請這樣說

爸爸媽媽覺得你的這方面很棒。

不管是輸是贏，我們都愛你。

一問再問

孩子的內心 我想了解得更明確。

請這樣說

你盡管問。

我們一起來思考看看。

反抗

孩子的內心 我內心受傷，覺得很難過！

請這樣說

啊，原來你的心情是這樣。

因為不順，所以很難受啊。

煩人

孩子的內心 我現在想要人家關心我。

請這樣說

好啊，你跟爸爸媽媽一起開心地玩吧。

今天要一起做什麼，才會比較開心呢？

行為具攻擊性

孩子的內心 我沒辦法照自己的心情去做！

請這樣說

有什麼不順的嗎？

冷靜下來思考就會變好。

鬥氣

孩子的內心 不要一直命令我。

請這樣說

你的想法呢？

是爸爸媽媽錯了。

父母的態度
讓孩子在愛的環境下成長

在父母許多愛之下成長的孩子，會有一種非常特別的能力——即是在艱難的世界裡，也能堂堂正正贏過這個世界的能力。所以父母一定要向子女傳遞愛。但這並非易事，畢竟不是自然而然。

父母有時會有所誤會。

「我當然最了解我的孩子啦！」

生下孩子並照顧他長大，不代表你最了解他。也不是24小時都在身邊照顧他，就等於了解他的全部。而誤以為自己了解，也是無法好好傳遞愛的關鍵原因。

愛並非給予就結束了，你必須徹底傳達給對方，才能算是完成。

接受才是愛的實現。愛必須經常表達，才能感受到。你的內心不管再溫暖，如果孩子沒有感受到溫度，那就沒有任何用處。你必須用話語明確地告訴孩子，自己有多愛他、那份心意有多珍貴閃亮。

　　沒能從父母身上得到愛的孩子，會對世界產生徬徨。抓不住重心的孩子，被周遭動搖也是理所當然。無法從父母身上得到的愛，不管去世界的哪個角落都無法得到。父母都給不了了，還有誰給得了呢？所以千萬不要把這件事情推卸給別人。如果父親做不到，就由母親來做；母親做不到，就由父親來做。不用考慮其他，只要做一個可以明確表達愛的人就可以了。

　　若孩子的日常沒有被傳達愛，且被任其自生自滅時，

事情不會就這麼過去。從孩子的視角來看，沒得到父母的愛與被拋棄沒什麼區別。若父母沒能向孩子傳達愛意，孩子就會受傷一輩子。這樣的孩子即使長大成人，也沒有能力阻止自己徬徨，因而痛苦不堪。他會陷入有氣無力的狀態，在孤獨中受折磨。因此請務必記住以下事實。

「學習愛的唯一方法，即是從父母身上獲得真誠的愛。」

獲得滿滿的愛成長的孩子，長大之後不管遇到什麼困難，也能光明磊落地戰勝，並在生活中將自己獲得的愛傳遞給周遭人。這樣自然會成為收獲所有人愛意的美好存在。愛是要收到才能了解的事物。從未獲得愛的孩子不會知道愛是什麼，也容易在不知道如何向周圍人表達愛的狀況下過完一生。這樣的人生不知道有多艱辛、難受。明明心裡想的就不是這樣，卻因為無法表達，導致誤會不斷。

世界比我們想的還要複雜，孩子走的路也比想像辛苦、艱難。你必須非常愛孩子，才能讓他不至於在那條路上感到疲憊，並走出自己的道路。他必須在跌倒時也能回想起從父母那得到的愛，才能笑著站起來。如此獲得父母愛意的回憶，會讓孩子在任何時候都能獲得重新站起的力量。

現在開始請傳遞完全、豐饒的愛給孩子吧。事實上，

感受到愛雖然簡單，但用話語表達這份感情其實很難。因為你必須將以耐心、理解、共鳴、真心等感受所組成的愛用話語表達出來。故人文學科的終點，即是向珍貴的人傳遞好話。如果想跟孩子表達愛，就必須具備高程度的智慧。

「我原本就不太會表達啊！」

「我個性比較木訥，做不到啦！」

這些都只是狡辯罷了。沒有人一開始就是這樣。簡單來說，其實就是意志不夠，或只是不做而已。

感受到愛是屬於「情感領域」，但傳遞愛則是「意志領域」。你必須抱持孩子在感受到自己的愛意前，不會停止傳達愛的意志才行。家人必須靠愛凝聚，愛是唯一的路。

當然人生難免有太過艱難，而有想摒棄愛、放棄一切的時期。這時若這麼想，或許會有幫助。

我無法選擇我的孩子，我的孩子也一樣無法選擇我。若孩子有選擇父母的機會，我是否有自信說他一定會選擇我呢？我是否夠了不起，足以擔任他人的父母？

既然我都辛苦得要死，孩子也一定一樣。畢竟我們一開始並不是彼此很合才在一起生活，也不是靠彼此的意志

選擇的。答案終究只有一個。我們已經透過經驗知道,我們並不是為了跟孩子吵架、討厭他們才養育他們,而是為了比昨天更愛他們。

◆ **照顧自己的時間**

你今天跟孩子說了哪些話？回想一下跟孩子說的話中是否有讓你特別在意的，覺得換哪種說法比較好，並寫下來。

今天對孩子說的話

明天想說給孩子聽的話

5

培養智慧與人品的方法

父母的開始，
也是孩子奇蹟的起點

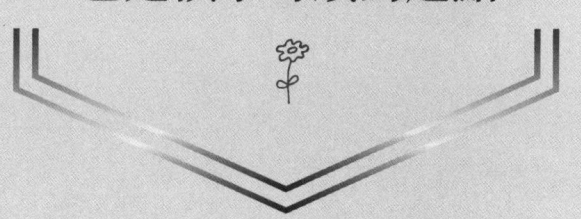

用「為什麼／怎麼樣」
培養智慧與人品兼具的孩子

　　小時候孩子說的話大部分來自父母或周圍大人，或是過去看的各種影片或讀的書，並沒有太多自己的想法。而自我意識到這件事十分重要。有時孩子像大人一樣說話，或說出一些帥氣的話語，其實只是將來自某人想法的話語直接背誦下來罷了。若想將這些話變成自己的，就需要以下「這句話」。

　　「為什麼／怎麼樣？」

　　我們必須問「為什麼／怎麼樣？」，去探討自己對從某個地方看到、聽到學習的事物的想法或感覺。這樣孩子才能針對某件事思考自己的理由並說明。

　　你可以閱讀以下句子，思考該對孩子說哪些話比較好。

你為什麼這麼想?

如果不吃也能活,

世界會變得怎麼樣?

聽了音樂之後,

心情如何?

你覺得這個泡麵是什麼味道?

如果 365 天都是假日，
世界會變得怎麼樣？

那個東西怎麼用？

如果你可以有超能力，
你會想要哪種能力？

+ 孩子的話 +

這裡有什麼特別的？

如果你來重寫這本書，
會想讓誰當主角？

你今天最記得什麼？

+ 孩子的話 +

這時，你可能會這麼想。

「是啦，我知道這個方法可以培養傑出的智慧，但這跟人品有什麼關係？」

其實智慧與人品是連結在一起的。因為人品是在智慧盡頭得到的價值。之前也說過，這裡強調的智慧，並非單指懂很多知識。多搜尋一下就找得到的資訊或知識，即使知道也不會給生活帶來多大影響，畢竟大家都知道。

不過你針對該知識或資訊的想法或感受就不同了。若你能針對該知識或資訊說出自己的想法跟感覺，從那個瞬間開始，這些東西就變成你的了。這也就是我們會在智慧的盡頭得到人品的原因。當你有了自我思考判斷的能力後，就能夠細心地判斷什麼才正確、選擇什麼才能讓珍貴的人幸福，進而行動。你必須能自行思考，才能讓人品這個單字融入生活之中。

請務必記住前面介紹的 10 種提問。若父母能在日常中經常丟出這些問題，孩子在回答原因的同時，就會自然而然地使用「因為」之類的表達，說明自己聽到、看到而學習來的東西。他會用自己的眼光看待世界，活出懂得說明的卓越人生。

所有孩子都是獨自生活的天才,只是沒能好好學習到「這句話」,才無法使用這份珍貴的能力,並遺憾地遭到抹殺。天才與非天才之間的最重要的分界點,即在「說明」。光是背一堆壓榨式的知識,並不真正屬於自己。你必須懂得說明原因,才能說是自己的。

關個窗,也能產生孩子的生命奇蹟

　　天氣變熱的同時,開冷氣的家庭也愈來愈多。開冷氣時,我們會一直重複某個動作——把窗戶全部關起來,防止冷風跑到外面去。這類重複做的事情總有機會幫助孩子的教育。建議各位可視情況找到適當的話語說給孩子聽。這並不難,只要在開冷氣的同時這樣說即可。

　　「開冷氣了,一起關窗吧。」

　　尚未理解冷氣功能的孩子可能會這麼問。

　　「開冷氣的時候,為什麼要關窗戶呢?」

　　這時你可以思考該怎麼回答、對話較好,並閱讀以下內容。

我們是為了涼快一點才開冷氣的啊,

如果窗戶都開著的話,

涼涼的空氣就會全部都跑到外面了,

這樣就沒有開冷氣的意義了。

如果不關上窗戶,

冷氣帶來的涼風

就會全部跑到外面,

這樣就會一直很熱喔。

開冷氣時，光是「一起關窗吧」一句話，就會如下改變孩子的思考與生活。

第一階段 為了不讓涼風消失，自行關上窗戶。

第二階段 更細心地觀察周圍。

第三階段 思考東西消失很可惜。

第四階段 認為物品跟時間很珍貴。

第五階段 訂定計畫，有智慧地度過一天。

請務必記住，這些意料之外的眾多正面變化，都是從父母微小的一句話開始的。既然這方法如此簡單有效，自然沒有不用的道理。

這時有件事很重要。若父母因為無法相信孩子，或覺得自己處理比較輕鬆愉快，而自行關上窗戶的話，其實並不太好。因為父母並非只是關上窗戶而已，也關上了孩子的可能性。

這件事情不難，也並不複雜，只要一句話就足夠。不過請記住，如果父母重視結果，而將所有事情都處理完畢，孩子就會失去那個過程。也就是說，他會變得不去思

考。不過若你說一起關門，孩子就會透過該階段開始思考，進而引起改變生命的奇蹟。

　　第一階段 爲什麼要關窗？

　　第二階段 沒有其他可以觀察的地方嗎？

　　第三階段 我正在浪費什麼？

　　第四階段 時間要珍惜著用。

　　第五階段 好吧，不要再看 YouTube，來念書吧。

　　珍惜自己物品的孩子，會成長為珍惜自己時間的人。實際上，真的有許多家庭僅靠一句話便帶來變化。孩子愈小，變化的速度就愈快。重點在於馬上開始，開始即是奇蹟。

🌙 拓展孩子思想的 12 種對話

跟孩子對話真難。對話主題一直都一樣,導致彼此說的話有限。你們是不是只有以下對話呢?試著檢查看看。

「吃飯了嗎?」
「不要玩遊戲了!」
「你午餐要吃什麼?」
「週末要去哪裡?」
「跟朋友相處愉快嗎?」

這些問題無法拓展孩子的思考。比起這些問題,我在這邊介紹與孩子對話的提問。

如果時間只剩下 10 分鐘，
你會想讀什麼書？

如果能選一樣擅長的，
你想選唱歌還是跳舞？

　　這些問題與之後要介紹的提問等，都可以拓展孩子的思考。一開始不太熟悉時，可先抄寫熟悉一下，再試著與孩子對話，若能再寫下孩子的回答就更棒了。若想得到的好的答案，就必須丟出好的問題。請務必記住，父母丟出的提問程度，會決定孩子接下來人生的高度。

這次生日,
你最想得到誰的祝福?

如果你要做教科書,
會想放進哪個科目,然後把哪個科目拿掉?

世界上最幸福的人,
是擁有什麼的人?

+ 孩子的話 +

你周圍有值得信任的朋友嗎？
你看到他的時候有什麼想法？

你聽到什麼話
會產生自信？

你上小學之後，覺得要拿多少零用錢比較好？
為什麼這麼想？

+ 孩子的話 +

最近有什麼辛苦的事情說不出口的嗎？
我們隨時都準備好聽你說喔。

如果有討厭的人該怎麼辦？

最近喜歡的歌手有誰？
他有什麼魅力？

+ 孩子的話 +

如果電視消失,世界會變得怎麼樣?
你為什麼這麼想?

如果要選出三個
不能給孩子的最糟糕零食,
你會選哪幾個?

耐心會給人生帶來什麼影響?

+ 孩子的話 +

好好生氣的孩子，
能成為自己情感的主人

　　若能自己調節、控制情感，會對人生有很大的幫助。特別是這些努力會成為習慣，因此必須盡量在孩子小時候就培養。各位是否曾想過，「我為什麼要為了管教而每天為同樣的事情生氣，並在孩子生氣時罵他」？

　　生氣是自我的情感表達。不生氣的孩子無法好好長大，因為都悶在心裡了。父母必須透過適當的話語，讓孩子可以「好好」生氣。這樣孩子才能順利地對外表達自己的情緒，並成為自己情感的主人。

　　在抄寫以下文字後，相信你更能判斷應該說什麼樣的話給孩子聽。

活著也可能發生不好的事。
這時只要記住好的事就好。
「只有好的事才是我的。」
只要這樣想就行了。

世上沒有什麼簡單的事。
所以不用想著要快一點，
反而要想能持續愈久愈好。
不管是什麼，你花的長久時間終究會有回報。

人都是要做了才知道啊。
如果偶爾有無法理解你話的人,
你可以一邊在心裡想著:「原來你還沒試過啊。」一邊略過就好了。
那個人一旦做過,態度就會不同了。

念書不是人生的全部。
但學習會帶來不同的結果。
你學一個,就能了解到一個不懂的東西,
懂得愈多,世界就愈不一樣。

你應該覺得時間經過，問題也會跟著解決吧？
但大部分其實只有時間在走。
能解決問題的終究只有自己。
如果你不行動，不會有任何改變。

偶爾厚臉皮一點，
只為你自己著想也無妨。
有時自信的大小
取決於你臉皮多厚。

人生沒有正確答案。
但你必須正確明白自己的感情。
只有如此,
才能找到自己的答案。

有些人看到你嘆氣,
會責備你幹嘛「無精打采」;
有些人看到你嘆氣,
則會說你的呼吸聲音好聽,並緊緊擁抱你。
你應該知道你比較需要誰吧?

我們一起搭乘一輛叫「家人」的車。
爸爸媽媽比較早搭。
但對一起搭乘的人而言,
先來後到沒有意義。
因為我們都前往同一方向。

每個人都有自己的步調。
你不必在乎這個世界的速度。
重要的在於方向。
不管你要去哪裡,一定要知道方向再前進。

你之所以要比實戰更加努力練習,
是因為若能練習到 200%,
即使在實戰中失敗一半,
也能做到 100%。

與孩子一起抄寫
讓內心更美麗的溫柔話語

　　我們一生氣就容易出口成「髒」，大部分的父母都一樣，也因此不需要抱持著罪惡感。但你應該知道，嘲諷或不好的話其實都對自身有不良的影響。畢竟最先聽到這些話的人，就是你自己。

　　明天的你，會取決於你今天說出的話。請記住下面這句話，並與孩子一同朗讀、抄寫以下文字。

　　我只說好話，讓自己發光。

喜歡花的人摘花,
但愛花的人會澆花。
喜歡與愛是不同的。
所以不要討厭你珍惜、所愛的人,
也不要給予傷害。
如果能將愛的人當作是花,
連討厭的部分都覺得香。

好心情會帶來好的一天。
因為若能帶著好心情,
就會不斷有好消息發生。
暫時先忘了不好的想法吧。
那對我們幸福的家庭來說,
可是不速之客呢。

稍微想想再說出口，
就能說出適當的話；
想個兩次再說出口，
就能說出好話；
想個三次再說出口，
就能說出如禮物般的美好話語。
正所謂禮從口出。

跌倒的話可以重新站起，
失敗的話可以重新挑戰。
現在之所以覺得辛苦，
是因為你帥氣地挑戰過。
所以犯錯也沒關係。
跌倒不需要自責。
因為你抱持的遠大目標，
無法單靠一次挑戰就輕易實現。

當你開朗地喜愛某人，
自己的心情也會變得開朗。
若說光亮照耀了世界，
照亮心的即是愛。
你愈愛，
心情也會愈來愈開朗。

不管是什麼，結果的瞬間都很短暫，
過程則十分長遠。
如果想變得更幸福，
就必須喜愛並重視那占據長時間的過程才行。
若執著於分數與排名，只會讓人厭煩，
但假使能想想做到的過程，
就可以幸福很久。

身體小有優點，
相反的，長大後也有缺點。
重要的不在於大小，
而在找到並發現可用之處。
我有無限可能。
我相信我擁有的所有事物。

不要任意斷定他人在嘮叨。
所謂的嘮叨取決於聽的人，
而非說的人。
總是往好的方向解讀的人，
不管任何話都不會覺得是嘮叨。
只要想的方向對了，任何地方都值得學習。

讓孩子不懼挑戰、
帥氣生活的話語

父母的話可在各種危險狀況下保護或庇護孩子,但孩子聽在耳裡,心情會如何呢?請閱讀以下文字。

不用怕。有爸爸媽媽在。

孩子的心情

這是可怕的。如果沒有爸爸媽媽在會很危險。

那很危險!你現在還不能做,等爸爸媽媽一下。

孩子的心情

爸爸媽媽不在的話,我好多事都不能做。

「不要怕」這句話本身已經給了孩子「這很可怕！」的印象。如果再加上「有爸爸媽媽在」，孩子的立場就會變成「這是沒有爸爸媽媽在就不能接近的可怕東西」。你可能覺得是在為孩子著想，但反而會讓孩子掉入害怕的泥淖，讓他漸漸變得懦弱，無法獨自挑戰。

　孩子在日常中可能遇到各種情況，有時可能碰到動物、有時可能無法下水等。請說以下話語給他聽，讓他能無畏挑戰、帥氣生活。

一旦開始做,
就會發現這沒什麼。

_____

_____

做不好沒關係,沒什麼大不了的。

_____

_____

想像跟實際去做差異很大。

_____

_____

如果你想試試看,
隨時跟我說。

_____

_____

我的寶貝一旦開始，
不管是什麼都好讓人期待。

這次會是什麼讓我們超開心的結果呢？

經常看的話就會愈來愈習慣，經驗豐富的話就會愈來愈輕鬆。

畏懼之心不是別人給的。
只要戰勝畏懼，就可以改變現實。

一句話改變孩子一天 14 小時狂盯手機

你相信嗎？竟然有小孩一天用 14 小時的手機。你可能會這麼想：「父母到底在幹嘛？竟然放著孩子這樣？」但這狀況並不容易。孩子的父母在我住的社區裡經營小餐廳，沒有可以托兒的地方，經濟狀況也不寬裕，在餐廳工作時，只能給孩子手機，讓他自己玩。

雖然不是 14 小時一直在用手機，但每當我注意到時，孩子都在看著手機畫面，當孩子在哭鬧時，父母又重新將手機給了孩子。很多客人看到孩子都惋惜地說：

「這樣眼睛會壞掉啦！」

「嘖嘖嘖，孩子不能一直這樣看手機。」

大家想的應該都一樣。不過聽到這些話的父母心情如

何呢？那對父母應該也思考過各種狀況吧。誰想這樣呢？那只是沒辦法中的辦法。父母的悲傷肉眼輕易可見，我感受到他們的心情，並下了這樣的決定。

「好。我要送我的書給孩子一起看！」

所以某天我就帶著我寫的書《說給自己聽的好話》去**餐廳**。父母在準備餐飲的期間，我先獲得他們的許可後，靠近正在看手機的孩子，並跟他一起看書。也請各位將我跟孩子一起閱讀的內容抄寫下來，放在心裡。

只要說好話,

就能迎來更美好的一天。

———

我因為是我,所以珍貴。

———

我不管是什麼都做得到。

沒什麼困難的。先試試看吧。

———

我的心必須誠實,

才能有明朗、清澈的一天。

孩子一開始覺得有點尷尬，但隨著時間經過，我們愈來愈親近，之後他便可以自己將書拿在手上閱讀了。原本只拿手機的手，終於握住了書本，也握住了全新的希望。

啊，我大概會一輩子記得那奇蹟般的瞬間，因為我的人生真的被改變了。其實這對我來說也是需要勇氣的，畢竟我也可以像其他進出餐廳的客人一樣，擔心地說句話就結束了。但我在過去親眼見證許多家庭的變化，了解讀書的價值，因此無法對這令人遺憾的光景袖手旁觀。所以才能鼓起勇氣，也才能看到孩子更常將注意力放在書上而非手機上的驚人面貌。

書在人生中一直占據重要角色，但 5 歲到 10 歲經歷的閱讀時光，在孩子的生活中占決定性的位置。如果你不想培養出沉迷於短影音的孩子，可以一天跟孩子一起讀 30 分鐘以上的書。只要開始，就會有所不同。我們需要的，只是現在立即開始的決心。

我每次見到那個餐廳的孩子，都會問「這句話」，也就是這句話改變了孩子的人生。

「你今天跟自己說了什麼好話？」

孩子就會開朗地笑著告訴我在書上看到的內容。如果我沒有相信書的力量,並跟孩子搭話、一起讀書,這樣的奇蹟就不會在現實中發生。因此請記住。

父母的開始,

即是孩子奇蹟的開始。

這些溫暖話語，
培養善於表達心情與想法的孩子

有些孩子即使不是自己的孩子，卻只要在你身邊就能散發正能量，讓你不自覺產生好感。相反的，有些孩子則總帶負面思考，散發憂鬱的氣息。這個差異在於，他是否能好好表達自己的心情與想法。能夠好好、明確說出自己心情與想法的孩子，光是存在就會給周邊帶來快樂與歡笑。

該用什麼方式對話，才能培養出懂得表達自我的孩子呢？我們需要光只是聽，就讓人感受到溫暖的話語。在這裡介紹可說給孩子聽的溫暖好話，請在日常中自然分享，為家庭帶來更多歡樂。請務必記住。當溫暖話語變成習慣時，幸福就會到來。

只要我們一起挑戰,
就可以做到。

不用太自責。
你盡力了。

如果正面去看待,
一定不會只有壞的事情。

我們不要太著急。

好好做好比較重要。

———

如果你覺得很辛苦，哭也沒關係。

但不要一個人哭。

———

不要太擔心。

當你回頭看，爸媽一定在。

———

你做得好，那很不錯，

做不好就朝做得好前進也很棒。

積極說話的孩子，
耐挫力會很高

只要觀察平常會對自己說正面話語的孩子，就會發現他們的共同點是都擁有很高的耐挫力。理由很簡單。當他們身處某種不幸或苦痛的狀況下，必須用溫暖的言語治療自己，才能提高耐挫力。相反的，總對自己說負面言語的孩子，不但容易不安，也無法相信自己，所以再怎麼念書，也無法將輸入的資訊吸收進去。

這是很重要的分岔點。這意味著，表達自己的能力起始與本質在於所謂的耐挫力。我簡單說明一下，當耐挫力變弱時，孩子會如何來到最糟糕的狀況。

習慣負面話語的孩子

每天會愈來愈不安，視野變得狹窄，

導致無法好好念書，關係變得不穩定，

耐挫力也跟著下降。

　　為了避免這種狀況，培養耐挫力十分重要。請跟孩子說這句話。

　　「只要你相信自己，大家都會幫助你。」

　　我在這裡再介紹可提高孩子耐挫力的 8 種話語。請抄寫並記在心裡。

每個人的心裡都有恐懼跟希望共存。
而我們只抓住希望。

_____

_____

如果用顏色表達你的內心,
你覺得會是什麼顏色?為什麼這麼想?

_____

_____

就照你的意思盡情試看看。
有自信的嘗試比任何結果都重要。

_____

_____

經常說明心裡覺得痛苦的原因,
痛苦的心情就會漸漸消失。

_____

_____

你可以跟媽媽說明一下
你現在的心情嗎？

_____

_____

身體小
根本就不是問題。

_____

_____

只要你覺得可能，
就可以把任何事情變可能。

_____

_____

結果不好也不用失望。
努力的過程才是最棒的。

_____

_____

將孩子自然拉進閱讀天地的 3 種話

請各位記住，讀書對成人來說也絕不容易，也並非能輕易感受到樂趣的智慧型媒介。對孩子來說當然更困難，也更想逃避。你必須了解，「我的孩子為什麼不讀書？」之類的煩惱其實非常理所當然。閱讀本來就很困難，不讀反而常見。若是認為只有「我的孩子」不讀，當然會覺得不讀是個問題。你必須認知到這個分岔點，才能學習將孩子自然拉進幸福讀書世界的話語。

你該如何改變這段時間對孩子說的話，讓他更輕鬆地閱讀？

我們可以透過「可能性」、「價值」與「改變」等表達，將重要的意義傳遞給孩子。

整理核心如下。

1 不要否定孩子的可能性。

2 不要跟其他孩子比較。

3 用探詢孩子變化的話語，盡可能自然地試試。

　　任何事情只要是自己主動，就會變成玩樂，若是命令，則會馬上變成作業。請讓父母的話語盡可能脫離命令，讓它們成為幫助孩子主動出擊的「說明語言」。若能冷靜地告訴孩子讀書對自己哪裡好、讀書具備什麼價值、讀書可從書中找到什麼，孩子理解過後就會自行開始閱讀了。

　　請朗讀、抄寫我以下建議的三階段話語，直到背起來

為止。這幾個階段由「可能話語」、「價值話語」和「改變話語」組成。不要想盡快改變孩子，而是盡可能給予時間自然開始，才能期盼良好的結果。

第一階段 可能話語

這對你來說還太難了。

這是哥哥在看的書啊，所以你要看還太早。

→你想的話就試著讀看看。

　先跳過不懂的字，了解知道的部分就好。

第二階段 價值話語

你同學每天都看書，所以才懂那麼多。

你也不要成天做那些沒用的，去看書啦。

→你也可以在自己玩的遊戲裡找到足夠的價值啊。

　現在試著在書裡找找看如何？

第三階段 改變話語

比你小的弟弟妹妹都那麼認真讀書。

你不丟臉嗎?

→不用硬要讀書。

　不過你一旦讀了,一定會有所不同。

　要不要試著跟它一點一點親近起來?

若喜愛獨處時光，自然能手握書本與抄寫

這是許多父母目前正極度苦惱的其中一個問題。

「該怎麼做才能讓孩子讀書？」

在我們正式討論讀書之前，我想先探討一下所謂的志向。

「要抱持志向！」

人們很常對年輕人說這句話。當你看到毫無上進心的孩子時，可能會抱著擔憂的心理講述志向的必要性，但本質在於這個問題。

「如果要實現志向，應具備什麼？」

如果要真正實現孩子的志向，他需要的是「耐心」。如果你沒有耐心，根本無法完成任何事。

與其專注在志向本身，最好在對話時專注在耐心上。只要擁有耐心，不管做什麼事情都可以實現，且若能依此改變現狀，孩子就能自然而然地培養自己的志向，進而實現。你必須看到核心而非表面，才能找到問題的答案。

我再用同樣方式這樣問：

「如果想讀書跟寫作，你需要什麼？」

各位覺得呢？你可能會說需要椅子跟書、筆記跟筆、空間跟時間等。但如果你看到的是本質，答案會完全不一樣，即獨自一人的內在力量。就如同志向需要耐心，如果想好好開始讀書與寫作，就需要有獨自一人的堅強內心才行。

讀書與寫作都是獨自進行的智慧工具，若你無法獨自一人，就無法寫出或讀上任何一個字，總是想出去，找玩具、找一起玩的朋友。孩子之所以無法手握書本，不是因為書不有趣或周遭問題，而是在於無法獨自一人的內心。如果喜愛獨自一人的時間，任何孩子都能自然抓起書跟筆。請經常如下表達，培養孩子堅強的內心，並感受獨自一人的價值。

「大家聚在一起思考很不錯，

但一個人思考的時間也很珍貴喔。」

他可能會覺得有點難，所以更要經常說給他聽。難的事物經常聽且熟悉後，就會漸漸覺得簡單了。孩子還小，如果難以體會範例的這些句子，也可以用父母的生活展示給他看。

像這樣一直思考方法的話，就可以找到適合孩子的方式。請將接下來介紹的 6 種話語抄寫下來，並記在心裡。

獨自注視某樣東西的人，
看得到他人無法發現的事物。

世上最強的人，
不是力氣大的人，
而是可以讓自己行動的人。

獨自陷入沉思後環顧四周，
就會看到許多人在一起時看不到的光景。

我們觀察那朵玫瑰花一陣子吧。
感覺會發現什麼新奇的東西。

如果能用冷靜的心情,
獨自度過一段時光,
內心也會變得安寧、深遠。

自己在角落做些什麼的人,
是懂得創造自己專屬角落的人。

◆ **與孩子共度的一天**

你在閱讀這本書的同時,覺得到目前為止最應該說給孩子聽的好話是什麼?請重新在腦海裡回想,並寫下來。並請務必在之後親自向孩子傳達好話,寫下孩子的反應。

父母的好話

孩子的反應

我們在成為父母的同時，
才終於懂得孩子的心情。
「我小時候原來是這種心情啊。」
「我小時候想聽的原來是這句話啊。」

這個事實非常重要。
父母在成為父母的同時，了解的並非父母的心情，
而是孩子的心情。

在了解孩子心情的同時，
請跟他說些給予希望與勇氣的話，
度過彼此更相愛的一天吧。

國家圖書館出版品預行編目資料

溫柔教養的抄寫魔法：把美好的話寫下來，記在心裡、傳給孩子 / 金鍾沅著；
陳慧瑜譯. -- 初版. -- 臺北市：如何出版社有限公司, 2025.05
304 面；14.8×20.8公分 -- (Happy family ; 95)

ISBN 978-986-136-733-0（平裝）

1.CST：家庭教育　2.CST：子女教育

528.2　　　　　　　　　　　　　　　　　114003077

www.booklife.com.tw　　　　　　　　　reader@mail.eurasian.com.tw

Happy Family　095

溫柔教養的抄寫魔法

把美好的話寫下來，記在心裡、傳給孩子

作　　者／金鍾沅（김종원）
譯　　者／陳慧瑜
發 行 人／簡志忠
出 版 者／如何出版社有限公司
地　　址／臺北市南京東路四段50號6樓之1
電　　話／（02）2579-6600・2579-8800・2570-3939
傳　　真／（02）2579-0338・2577-3220・2570-3636
副 社 長／陳秋月
副總編輯／賴良珠
責任編輯／柳怡如
校　　對／柳怡如・歐玟秀
美術編輯／李家宜
行銷企畫／陳禹伶・朱智琳
印務統籌／劉鳳剛・高榮祥
監　　印／高榮祥
排　　版／莊寶鈴
經 銷 商／叩應股份有限公司
郵撥帳號／18707239
法律顧問／圓神出版事業機構法律顧問　蕭雄淋律師
印　　刷／祥峰印刷廠

2025年5月　初版

Copyright © 2024 by 김종원
All rights reserved.
Complex Chinese copyright © 2025 by Solution Publishing
Complex Chinese language edition arranged with Sangsangacademy
through 韓國連亞國際文化傳播公司(yeona1230@naver.com)

定價 380 元　　　ISBN 978-986-136-733-0　　　版權所有・翻印必究

◎本書如有缺頁、破損、裝訂錯誤，請寄回本公司調換　　　Printed in Taiwan